U0459648

广播电视艺术与媒体技术
发展研究

李　杨　吴庆娜　贾　音◎著

吉林出版集团股份有限公司

图书在版编目（CIP）数据

广播电视艺术与媒体技术发展研究 / 李杨，吴庆娜，贾音著. — 长春：吉林出版集团股份有限公司，2023.10

ISBN 978-7-5731-4385-3

Ⅰ. ①广… Ⅱ. ①李… ②吴… ③贾… Ⅲ. ①广播电视—研究②传播媒介—研究 Ⅳ. ①G220②G206.2

中国国家版本馆 CIP 数据核字（2023）第 193655 号

广播电视艺术与媒体技术发展研究

GUANGBO DIANSHI YISHU YU MEITI JISHU FAZHAN YANJIU

著　　者	李　杨　吴庆娜　贾　音
出版策划	崔文辉
责任编辑	王　妍
封面设计	文　一
出　　版	吉林出版集团股份有限公司
	（长春市福祉大路 5788 号，邮政编码：130118）
发　　行	吉林出版集团译文图书经营有限公司
	（http://shop34896900.taobao.com）
电　　话	总编办：0431-81629909　营销部：0431-81629880/81629900
印　　刷	廊坊市广阳区九洲印刷厂
开　　本	710mm×1000mm　　1/16
字　　数	235 千字
印　　张	13.5
版　　次	2023 年 10 月第 1 版
印　　次	2024 年 1 月第 1 次印刷
书　　号	ISBN 978-7-5731-4385-3
定　　价	78.00 元

如发现印装质量问题，影响阅读，请与印刷厂联系调换。电话 0316-2803040

前　　言

广播电视技术是实现广播电视节目传播的物质基础，广播电视节目的传播和接收的过程是依靠技术通道进行的。脱离了技术通道，脱离了信息载体，不可能实现广播电视节目的传播。随着科学技术的发展，广播电视系统需要积极采用各种高新技术，包括计算机网络技术、数字技术等。广播电视技术实现全数字化，是未来广播电视技术发展的趋势，中国的广播电视与世界同步，正在经历由传统的制作、播出方式向数字化过渡。

本书从广播电视艺术理论入手，介绍了新媒体时代的广播电视、电视节目的制作和播出，详细分析了微波与卫星技术、调频发射机原理和维护、地面数字电视技术以及演播厅系统，重点探讨了在新媒体技术影响下广播电视艺术的创新发展。

本书在编写过程中，参阅了许多专家学者的有关著作、论文、报告，在此表示衷心感谢。由于编写时间和水平有限，尽管编者尽心尽力，反复推敲核实，但难免有疏漏及不妥之处，恳请广大读者批评指正，以便做进一步的修改和完善。

目　　录

第一章　广播电视艺术理论

第一节　广播电视艺术概况

一、广播电视的存在意义

广播电视是人类的伟大发明之一，是科学技术的产物。随着传播声音与影像信息的现代技术的诞生，人们发明了广播电视。广播电视出现之后，很快就以其巨大的传播优势，取代了印刷媒介作为大众媒介一统天下的格局，取得了印刷媒介所无可比拟的传播效应。

每一种媒介都有着各自不同的话语方式，为探索世界、认识事物提供新的视角与定位，能够引导人们组织思想与总结生活经验，所以影响着人们的意识和不同的社会结构。广播电视的出现重新划分了大众传播的版图，以新的传播格局深刻地改变了人类的生活形态与世界的文化景观。故而，可以毫不夸张地说，广播电视使得政治、经济、教育和其他构成公共事务的领域都要改变其内容，并且用最适用于电视的表达方式去重新定义。

自广播电视问世以来，伴随着人类诞生就开始的艺术传播同样需要重新定义。此前的各种艺术传播,如原始岩画、口传文学、舞蹈、音乐、戏剧、戏曲、绘画、雕塑,也包括小说、电影,滋润着人类的生活,给予人类生命的元气,使之精神抖擞地自远古走到现代。由于广播电视巨大的传播声势与能量,艺术传播自此也搭上这班驶向大众传播新领域的现代列车,扩大新的传播格局。从此,作为一个学科的广播电视艺术学也就面世了。

广播电视艺术身上披挂着最先进的科学技术和最现代化的传播、制作手段的全副武装降临于世。广播电视本身是科学技术与多种艺术的结晶。它博取广纳、采英撷华,承载古今中外,容纳宏观微观,荟萃文体百艺,和生活交融,与世界一体,电视万里,转瞬即至,信息之流永远不息,诸种节目层出不穷。广播电视传播之广、速度之快、信息之新、容量之大、观众之多、影响之大,亘古未见。广播电视作为新兴媒介的崛起,丰富了艺术的表现元素,拓展了艺术领域,尤其是声画并茂的电视,更是将人类带到了一个近乎全息的艺术世界里。

二、广播电视艺术是一种活动

从本质上来说,广播电视艺术是一种活动,一种实践的特殊形式。顾名思义,广播电视艺术学的研究对象是广播电视艺术。广播电视艺术学就是研究广播电视传播领域中有关艺术传播这种具有特别性质的矛盾。应该说,广播电视传播的不仅是艺术内容,还有新闻资讯。因此,广播电视艺术学是广播电视学的一个分支,是专门研究广播电视艺术创作、传播现象、过程及其规律的一门学科。

广播电视艺术创作与传播现象纷纭复杂。就节目形态来说，根据类型划分，有广播剧或电视剧、广播电视音乐、广播电视戏剧戏曲、广播电视综艺节目等；根据传播单元划分，有文艺节目、文艺栏目、文艺频道等；也可以根据播出形态进行划分，有直播类型的艺术节目、录播的艺术节目等。

不同于先前许多艺术类型的私人化创作，广播电视艺术作品往往是集体合作的结果。广播电视艺术如今已逐步呈现出工业化生产的趋势。因此，广播电视艺术学非常有必要将这种艺术生产的特殊现象与规律揭示出来。

三、广播电视是艺术的载体

广播电视是一种艺术的载体，也是大众传播的媒介。从而，广播电视艺术表现出强烈的传播学特征，从传播的规模、受众人数、接受方式等方面，可以看出这种艺术传播与传统艺术的传播有着巨大的量差与质差。这种变化表现在以下方面：

首先表现在外延的巨大突破。昔日的艺术传播与接受往往是在一个小空间里进行，一个人静静品味小说，三五好友细细观摩一幅名家画作；当然也有广场式的戏剧表演与欣赏，其人数也不过数万而已。然而一个广播电视艺术节目却可以吸纳亿万之众。事实上，从技术层面来看，随着卫星转播技术的发展以及遍布全球的通信网络的开通，"地球村"里的这种"宏大叙事"早已不是空洞的设想。

其次就是内涵的变异。以往的艺术接受以个体与群体的亲身参与作为叙事范畴，而如今则往往变成一种虚拟互动。通过人机对话，观众以节目中的嘉宾或现场观众作为假想依托，进行一种替代性参与，获得一种非常态的心理愉悦和精神舒缓。

最后是广播电视艺术使人类又回到一个功利的时代。人们不仅能获得娱乐，还可以从中得到更多的物质和利益的刺激，从而失去了传统艺术传播与接受的非功利性，使这种仪式文化被抹上浓浓的商业和消费色彩。

事实上，正是这些方面的变化，使得广播电视艺术比此前任何一个时代的传统艺术都具有更大的声势与娱乐效应。广播电视艺术学有责任、有义务对这种艺术传播的特点进行归纳总结。

作为一门学科，广播电视艺术学有自己特定的研究对象和学科范畴，还需要有自己的经典性作品、代表性艺术家及理论批评家的理论论著。

第二节　广播电视艺术学的方法论

广播电视艺术学的发展及成熟的一个重要方面，就表现为与其学科对象相适应的方法论的自觉。这种方法论应该既有其深厚的哲学美学基础，又有着对于与其相关的人文社会科学（如社会学、文化学、心理学等）乃至自然科学的某些重要领域（如数理统计、信息技术等）多种研究方法的借鉴，还有着适应其自身对象的特征及内涵的具体研究方法与手段。而事实上，广播电视艺术学的方法论体系尚在积极的建构之中。

鉴于此，此处主要着眼于该学科的历史与现状，而对其方法论做一种建设性的探讨，既注重其实践性，又强调其观念性；既需要促进其学科意识上方法论的自觉，更需要使其有效地运用到关于广播电视艺术学的具体研究实践与问题探究当中去。

一、广播电视艺术方法论的自觉性

（一）方法论的含义

做任何事情都离不开一定的方法。这些方法，对于做事的人来说，有些是自觉的，有些则是不自觉的。

事实上，"方法"不仅是作为具体实践活动的产物，而且是作为一个古老的观念，体现为人对于自身行为的一种反思的结果；或者说，"方法"乃是出于人们对于自身的活动如何行之有效的总结与思考。甚至可以说，正是有了这种"反思"和"考虑"，人类才开始了自身文明的进程。有了对于实践的"反思"，也才有了所谓各种实践的"方法"和方法论。在汉语中，与"方法"相近的是"道"，既是道路，又是道理和方法，需要讲究方向、方法、步骤、程序等。所以，从对于对象感性到理性的认识，从理论到实践，方法都是必不可少的。方法，也指人们在理论和实践中把握事物的本质规律达到一定目的所采用的途径、手段、方式的总和，是人们认识世界，从事创造性活动的有效工具和必要条件。方法与人类自身的实践活动密切相关，特别是一些创造性的思维活动，更需要人们在观念和方法上的自觉。可以说，无论从事何种实践，如果不掌握一定的方法，就很难获得某种创造性的成果。自然科学研究如此，人文社会科学研究也不例外，都是通过具体的探索和实践，并在其历史发展过程中经过反复实践才产生，并形成各种具体的方式方法，再通过对这些方法的反思从而达到方法论意义上的自觉。

方法论的"自觉"是一个理性建构的过程。方法,有些人可能深有领会,但并不一定能诉诸言语,有些可以言传身教,却不足以普遍推广,不具备某种普遍的理性价值。所以,对于方法论的建构来说,更需要一种理性层次上的自觉。或者反过来说,人们对于方法的自省与自觉,需要经过不断理性积累,最终才得以形成系统的、有着普遍意义的方法论。而方法论的自觉与建构,也正是一门学科走向成熟的重要标志之一。

(二)学科方法论的三个层次

具体说来,一门学科的方法论的自觉与建构,大体上体现为以下三个层次:

一是具体实践过程当中和具体问题研究层次上的,是指在实践过程中被反复应用或者那些用于研究、讨论某个具体问题且证明为行之有效的特殊方法或个别方法。这种特殊方法或个别方法,既要与具体问题、具体对象、具体实践过程相联系,又须与一般方法和规律相一致,否则就会被人视为"不合常理""不合逻辑",甚至不能为人所理解。这种特殊或个别的方法,种类和方式可能多样,而目标与要求则是一致的,就是用于分析问题与解决问题。"问题"应该是其重要的目标指向。能解决"问题",就是有效的和可行的方法。因而,适用性应该是这种特殊或个别的方法取舍的主要依据。

二是具体学科层次上的,是人们在具体的学科研究中与特定的学科研究领域相关联而形成的具体方法。如自然科学中的物理学、生物学、化学以及社会科学中的政治学、法学、经济学、社会学等,都有各自的学科领域,也都有各种把握世界、探究真理的途径和方法。这些学科可以从不同的角度去深入各自的研究领域，形成各自独特的研究方法。如数学研究数与形之间的关系，发展出一整套具体的数理统计、演算、空间推演的逻辑方法；史学则以社会历史的发展规律为研究对象，发展出注重历史史实，以恢复历史本来面貌为目的的历史考证和文献学与文献细读的方法等。但是，这些方法又不是相互隔绝的，而是可以相互借鉴、相互启发的。而且，各种学科方法之间的相互借鉴与启发，不仅可以丰富原有学科的内容，拓展各自的研究领域，甚至可以带来更多的新的发现、新的理路。

三是哲学层次上的，是指与人们的世界观相一致的认识世界和改造世界的根本和普遍的方法，也就是所谓的"一般方法"或"普遍方法"。这种哲学层次上的方法不仅具有广泛的概括性，跨越具体的学科领域，而且对于人们的实践活动具有普遍的指导意义。如"辩证思维""形而上学""系统论""控制论""信息论"等，都具有某种哲学方法论的意义。

对于方法论的自觉与建构进行这样三个层次的区分，目的就是要在不同层次上来理解方法论的原理，掌握方法论的规律，进而总结和把握各种具体的方法，形成各具特色的方法论体系。在哲学层次上，属于方法论的原则，带有方向性和指导性。比如，辩证的思维方法与分析方法，即是用辩证法分析具体的对象。这种辩证思维方法基本上有三种法则：一，对立统一法则；二，质量转化法则；三，否定之否定法则。再如，从具体到抽象，从抽象上升到具体的哲学研究方法，就要求从无数现象中看到事物的本质，即从具体到抽象，即从事物的量看到事物的质；而后再从本质的认识回到现象当中，对现象的认识就更加丰富，对质的认识也就更加深刻。而在学科层次上，则属于方法论的基础和核心，既与具体的学科对象相关联，又可以有一定的交叉与借鉴。无论是人文学科，还是社会学科，甚至自然学科，都有可能在学科研究方法上实现相互贯通和借鉴。在具体问题研究的层次上，则是属于方法论的"用"的层面，关键就是如何有效地使用各种方法，更好地解决问题，其特点就是具体、实用、多样，而且随着问题研究的深入，这些具体方法还有可能得到不断的丰富。

方法论以上三个层次的贯通，不仅对于一门学科的自觉和成熟是必不可少的，而且体现了方法论建构的一些基本原则，那就是：第一，方法总是与具体的对象结合在一起，须以切实有效地解决问题为其出发点；第二，方法又总是与主体的立场选择分不开，与主体的经验与修养、主体的实践活动密切相关；第三，方法还总是与某种形而上的思维方式相联系，并且不能与一般的形式逻辑的规律相违背。

当然，对于广播电视艺术学来说，其方法论的自觉和建构的历程与规则，并不例外。与其学科的历史发展相一致，其学科研究方法也必然经历了一个从不断的感性经验积累到深入的理性思考与思辨总结的过程，也就是经历了一个研究方法从自发到自觉，并进而需要在学理层次上进行理论归纳的过程。确切地说，广播电视艺术学方法论虽然主要属于上述第二层次，同时涵盖在整个艺术学学科之内，与美学、社会学、历史学、文化学、心理学、传播学等密切相关，形成这门新兴且交叉的学科研究领域中所特有的一些研究方法。而在另外两个层次上，广播电视艺术学的研究方法，一方面无疑需要有一定的哲学方法论的指导，须有哲学高度上的方法论观念的自觉；另一方面又与那些具体问题的特殊或个别研究方法分不开，涉及多种多样的研究路径和手段。从而，广播电视艺术学的研究，既可以是"自上而下"的，也可以是"自下而上"的；既可以采取宏观、中观或者微观的视角和立场，也可以在资料收集、论题选择、提问与求解的过程中有着具体多样的方式方法。

二、广播电视艺术中方法的建构

广播电视艺术学研究方法既体现在长期的、广泛的研究实践中自身经验方法的积累，也包括对于其他学科方法的有效借鉴与运用。它既与广播电视艺术实践有关，与广播电视艺术创作经验的积累、艺术传播领域的拓展等分不开，又有着相对的独立性以及一定程度的可理解、可传授及可操作性。

（一）艺术研究的路径

就广播电视艺术学的研究对象而言，广播电视先是作为一种传播媒介，然后才是作为一种相对独立的艺术形态和样式而为人们所接受。广播电视艺术既有着其自身的特性和规律，又有着一般艺术的普遍属性。

"艺术四要素"以"作品"为中心，分别指向"世界""艺术家"和"接受者"，其中的每个指向都形成一个理论维度，形成"模仿论""实用论""表现论"及"客观论"等批评理论，并由此构成了一个三角坐标系。有学者在"艺术四要素"的基础上将这四者重新加以组合，将"作品"与"艺术家""读者"及"世界"相互连接，构成一个首尾相连的环状结构，以突出艺术创造的主客体之间的相互影响与制约，并由此构成的一个不断循环往复的艺术过程。

事实上，无论怎样变化，艺术的四要素都是不可忽视的。关注艺术四要素的不同方面，或者侧重其不同的维度，也就体现出艺术研究方法的不同方面和不同路径。

归结起来，这些方面和路径主要包括以下方面：

一，侧重于艺术家创作心理及创作过程的研究，如创作经验总结与阐发、艺术家传记研究、精神分析学的批评等。这类研究关注艺术创作主体，从主体心理、创作动因出发来解释各种艺术现象，从而形成经验的、心理的、传记的等多种艺术研究方法。

二，侧重于艺术作品的文本研究，如各种形式主义批评、艺术语言与符号学的研究、结构主义批评等。他们更关注于艺术作品本身，认为作品本身就是一个独立自主的艺术世界，因而十分注重从语言、结构、形态入手而追问艺术的本性，探究艺术的奥秘，进而形成关于艺术的符号学、结构主义、文本批评等各种研究方法。

三，侧重于接受者（读者、听众或观众）的接受研究，如接受美学、解释学、观众学、读者反映批评等。他们把以往人们关注艺术创作主体或艺术作品本身的目光转向了艺术接受过程以及艺术接受的效应，从而带来艺术研究重心的转移与艺术研究方法的革新，形成诸如受众调查、受众类型研究、艺术接受的心理分析、艺术接受美学等多种研究方法。

四，侧重于与艺术相关的社会、历史、文化的研究，如艺术史研究、马克思主义艺术批评、艺术意识形态研究以及新历史主义及大众文化批评等。他们或者将艺术作为社会历史风尚的体现，或者将艺术作为一种特殊的社会意识形态的形式，甚至将艺术作为某种历史文化传统中所形成的话语权力，来探究艺术与某种社会文化乃至历史传统的关系，从艺术与其所赖以生长的社会历史环境的密切关联当中来考察艺术的历史、形态及规律，以至形成了艺术研究的历史学、社会学、文化学的方法以及意识形态批评、新历史主义批评等。

（二）经验的方法研究

人类的各种实践活动大多都是从经验开始的。经验来自人们在日常生活中对于客体的联系与把握。一般情况下，人们可以凭借某种经验去认知世界，而无须诉诸严密的知性分析和逻辑判断。特别是在一些操作性的活动中，更需要有丰富的经验，如临床医师，就需要穷其一生通过接触无数的病例来积累临床经验；一个技术精湛的工人，也往往是在长期的实践工作中总结经验以提高生产工艺水平；一个民间工艺师，他的某种工艺（如剪纸、杂技、泥塑、制陶等）可能令人叹为观止。由此可见，他们的经验显然都是必不可少的。所以某种情况下，这种经验也就可以成为人们实践活动的一种经常性的方式方法，或者可以归之为一种"经验思维"方式。

在一般人看来，经验往往还只是属于人类认识世界的初级阶段，纯粹的经验往往是靠不住的，因为经验有时还与人的"错觉"有关。事实上，即使是"错觉"，也仍然可能成为人类文化行为的起点、文化经验的基础。所以，经验不只是人类一种初级形态的精神行为，也与实践活动直接相关。

经验又可分为直接经验和间接经验。直接经验来源于人们的所见所闻、亲力亲为；而间接经验的来源则广泛得多。直接经验固然重要，但是也并非所有的活动都离不开直接经验，有时候间接经验也是很有必要的。人类在长期的实践活动中甚至可以形成一种经验思维的模式，也就是马克思"实践精神"的把握世界的方式。这种经验思维的模式可以通过长期的实践训练或经点拨指导而得以不断传承，甚至可以成为一种精神文化的传统而流传下来。那些与传统相关的民间工艺大都是通过经验思维的模式而得以传承。比如，中国传统戏曲的艺术经验就是靠艺人们长期实践中的口传心授来加以传承的；与此相关，传统戏曲的艺术批评和研究（戏曲评点）也基本上成为一种经验式的思维方法和精神传统。

艺术和审美活动当然更离不开人们的感觉经验，特别是离不开人们的审美经验。审美经验，本质上属于一种美感体验，同时与某些"艺术惯例"分不开，并且还有着明显的个性差异，有时还往往"只可意会，不可言传"，甚至还带有某种神秘的意味。确实，也只有具备了切实的审美经验，艺术创造、鉴赏、批评与研究才具有了实证的基础，并且在此基础上也才可能进行深入一步的理性分析与探究，才有可能形成某种理论和方法。然而，经验还毕竟是初步的、浅层次的，因而仅仅依靠经验往往是靠不住的。只有在鲜活的审美经验的基础上，进行深入的体悟和不断的总结，才有可能形成一种具有普遍意义的艺术研究的经验方法。

事实上，自广播电视诞生以来，在不断发展的传播科技的基础上，广播电视的从业者们进行过广泛的实践和探索，创造出多样化的广播电视的艺术表现与传播形态，取得了广泛而丰富的艺术经验，其中明显包含了许多鲜活的感性体验。特别是在广播电视艺术尚处于尝试和探索试验的阶段，其经验性的总结也就显得尤为必要。比如，广播电视编、导、摄、录等创作人员的"经验谈""导演阐述""创作手记"等，虽然往往还是一种感觉印象式的，但是一方面，其中有着大量的鲜活的感觉经验的材料；另一方面，也逐步沉淀出一些具有普遍性的经验模式，特别是涉及广播电视的节目创意、组织策划、播音主持乃至摄、录、编、导等环节，既需要有一定的技术基础，又需要不断地实践探索，从而形成某些经验思维的方法，其中的各种经验总结也就往往成为广播电视艺术学经验方法的明显的例证。

当然，广播电视艺术研究当中经验方法的不足也是很明显的。因为其中主要的还是个体的、一己的，因而难免是有局限性的，甚至是褊狭的。而最为突出的是这种经验方法的浅层化、随意化，甚至还表现出有意无意地拒绝对作品和创作过程进行理性的分析，或者只是一味地强调自身的审美直觉，甚至把个人的审美感受与体验当作批评的出发点和评判标准。因而，他们的研究往往还是初步的、朦胧的，是没有经过充分论证的。

总之，对于广播电视艺术学的学科研究来说，经验方法既是必要的，仅此而已又是不够的。经验方法作为广播电视艺术学研究初级阶段中的主要方法，曾经发挥着重要作用，但是随着广播电视艺术学研究的深入，这种方法的不足也就越来越明显，并且由于经验方法本身具有某种程度上的随意性，因而还需要更多的研究方法的积累和广泛的借鉴。

（三）历史的方法研究

一般来说，历史研究是以既存的历史事实为对象，系统地收集与客观地鉴定史料，以批判探究的精神推求史实的意义与联系，做出准确的描述与解释，以帮助了解现况与预测未来的一种学术研究。应该说明的是，一般的历史研究是将人类社会发展演变作为对象，它不同于关于某个特定领域、特定对象的历史研究。虽然这两者之间有着千丝万缕的联系，但是这里所讨论的主要还是后者。当然，作为某个特定领域的历史研究，由于研究对象的不同而有其独特的研究方法。故而，作为历史的研究方法，不仅归纳、比较、分析、综合等方法都可以适度地被应用，并且除此之外，还有各种层次以及各种类型的研究方法。

归纳起来，历史的研究方法大体上有四种：一，收集与考订材料的方法，即考据的方法；二，历史比较法；三，历史统计方法；四，历史计量方法。

从学科方法的纵向发展来看，历史研究方法的重心在于探寻所研究的问题在整个历史脉络中的意义及价值，强调掌握直接数据与史实的重要性，故而当研究者获得与研究问题相关的资料时，必须确认它是否为直接数据和确凿的事实。经过收集与考证的过程后，才可以着手进行描述历史现象、解释因果关系、探究变迁因素及找出历史意义等历史叙事与历史解释活动。从而，文献与史料的分析作为历史研究所常用的方法之一，本质上乃是如实描述文献内容并重新依照年代或发展的秩序安排文献，以便做出整体的、科学的理解和阐释。

20世纪上半叶以来，史学界突出地意识到了主体在认识历史现象时的局限性与合法性，许多历史研究者感到有必要对历史研究的理论和方法都进行改造。实证主义史学认为历史研究的对象是客观的，历史研究者需要对其所研究的对象进行不带任何主观意识的认知和判断。他们在鉴定史料时，力求审慎、精确，在表达和叙述上则以不偏不倚为目的；离开史料，他们不能做出任何陈述。过去的种种事实，只有当它与现实生活的精神意趣相融通时，才能成为真正的历史研究的对象。

确实，历史和事实是不可分的。没有基本的事实材料，历史研究也就失去其基础；而没有对于事实的解释与判断，事实材料也是没有意义的。从而，收集更多的材料，以及对使用历史材料的考订，也就成为历史研究方法中的最基本的方法。只有如此，历史研究的考据方法才不能不成为古今中外学者共同承认的一个基本方法。与考据的基本方法密切相关，历史研究中还延伸出诸如归纳法、演绎法、类推法、比较法、以反证解决史料中的歧说与冲突，以及调查访问方法等多种具体的研究方法。也就是说，历史考证并非单纯地满足于文献记载，而是要从对社会历史广泛接触中获得更多鲜活的知识材料。为了获取更多的史料，统计方法在历史学中是经常被使用的。以统计方法将收集来的数据系统化，用以说明事物的发展。从这种量的统计当中，达到对事物的质的认识，从而定性研究以定量研究为基础。

然而，一个必要的立场就是：对于史料应持一种追根溯源、怀疑与批判的态度，即需要保持一种对历史的诘问。这种"诘问"包括：第一，材料的来源，即史料本身是否是第一手的史料；第二，所用材料是否掺杂有后人的意见，是否曾被人修改；第三，如果第一手的史料不存，才可以允许用一些转手的史料，但转手的史料本质上不能代替第一手史料；第四，第一手史料与转手的史料价值的判断，需要依照时间、地域、亲见或传闻为主，而不是偏重文辞是否优美，形式是否完备；第五，还需要考察史料述者的动机与态度，而且，这种"诘问"的重要性在任何历史研究中做怎样的强调都不过分。

在这个意义上，可以说，广播电视艺术学的历史研究方法主要包括两个方面：其一是从社会与文化的历史发展角度来研究广播电视；其二是对于广播电视艺术自身的历史发展进程和规律的研究。前者侧重于将广播电视艺术现象放在具体的社会历史环境中来加以研究，或者说是从社会历史的语境出发研究广播电视艺术现象的发生与发展，探究广播电视艺术的历史文化根源，以及广播电视是如何参与社会历史进程，或者对社会历史进程形成怎样的影响；后者则是属于广播电视艺术本身的史学研究，即对于广播电视艺术史本身的描述与叙写，重在厘清广播电视艺术的发展脉络，考察其历史源流与形态演变的轨迹，探索广播电视艺术的历史发展规律，把握广播电视艺术的历史走向。

当然，广播电视艺术学的历史研究方法主要体现在广播电视艺术史的研究当中。其间，中外广播电视艺术已历经数十年的历史发展，而广播电视艺术史的研究也逐步从狭窄的感性材料的积累转向更为广泛的历史资料收集和历史过程的深入研究；或者说，从最初的感性化的个体历史记忆转向对于系统的历史资料的整理和对于历史过程的全面把握和客观还原。广播电视艺术史的研究方法也从一般的经验方法转向以自觉的历史考证、历史统计、历史比较等为主的史学研究。

另外，历史研究方法的运用不仅需要对于广播电视艺术创造与传播本身的历史进程的把握，还需要对于广播电视艺术所涉及的社会的、民族的、文化的、风俗的历史与现象进行详细的调查和研究；即使是在对于广播电视艺术的美学批评与文化批评当中，这种历史的研究方法也常常是需要自觉地加以有效运用。因此，确立一种自觉的历史意识，设定一个历史的诘问的立场，乃至体现出一种鲜明的历史精神，对于广播电视艺术学的一般研究来说，不仅是作为一种研究方法，而且作为一种研究者的观念和立场，也都是非常必要的。

（四）本体的方法研究

所谓本体的方法，简而言之，就是一种回归到事物本身来研究事物的本来面貌和本质属性的方法，或者说，是在对事物本原或本质的追问与探究中所形成的方式方法。

"本体"的概念，最初源自西方的"本体论"哲学。除了"本体"这个译法之外，还有实体、实在、基质等。

所谓"本体"，也就是要强调"是其所是"以及"是何以是"，而要研究什么"是"，就须研究"是"的本原、样式等，研究"是"之为"是"的本性与特质，并且进而形成事关本体的研究方法。

具体到艺术学研究，其本体研究的一个重要方面就是关于"本质"或"本原"的追问与思考，研究的路径往往是从现象到本质，而且关注的重点还是现象背后的本原性的问题，诸如柏拉图的"理式"论、黑格尔的"理念"论等，从而，本体研究的思维方式基本上是属于思辨的，是从具体到抽象，再从抽象回到具体的辩证思维的过程。

本体研究的另一重要方面乃是"形式"研究，也就是把研究对象确定为一种文本形式。以至于有人把本体研究等同于文本研究，将"本体"与"文本"

混为一谈。事实上，20世纪以来，形式主义方法论的特征，就是以艺术作品的形式为核心，追求艺术作品的形式结构，把艺术形式的构成因素作为艺术的本质。这种研究方法重视作品本体的内在研究，对作品的意象、隐喻能体察入微，有助于发掘作品的深层意蕴，把握文本的内涵。

综上所述，从方法论上讲，广播电视艺术学的本体研究也就是从对于与广播电视艺术相关的外在现象的关注，而转向对于广播电视艺术本身的存在属性以及其本质（本源）的追问，对于广播电视艺术的存在形式及其内在机理的探究，或者说就是对于广播电视艺术"是什么"和"怎么样"的问题探索与审视。这里，广播电视艺术本体的研究既包括对于广播电视艺术本身的"存在"以及对于其根源的考察，也包括对于其本身的存在样式及其属性的探究，尤其是对于广播电视艺术特殊的符号形式及其表现规律的把握和理解。从而，不仅需要回答广播电视艺术究竟是以一种什么样的方式存在，其节目形态中的形式与符号，还需要深入理解广播电视艺术所体现出的本质属性与艺术特质。

应该说，从经验的研究、历史的研究而走向本体的研究显示了广播电视艺术学研究的成熟与进步，或者说，本体研究方法的自觉乃是广播电视艺术学研究走向成熟的重要标志。

广播电视艺术学的本体研究中的一些具体方法，对于人们深入广播电视的艺术机理起到积极的作用。但是，如果只是把本体研究等同于文本研究，或者过分强调其形式、符号与技巧，甚至用形式排斥内容，而忽视了文本之外的包含创作者和接受者在内的广大世界，却又不免陷入另一个极端。

三、广播电视艺术对相关学科方法的借鉴

广播电视艺术学的研究，不仅有着与自身的对象相一致的经验研究、历史研究、本体研究等，还应该广泛吸收和借鉴与其相关的各种艺术研究方法。只有这样，广播电视艺术学的学术研究才有可能走向进一步的成熟与繁荣。

（一）符号学

1.符号学的认知

符号学是关于符号和符号系统的一般科学。从符号学的产生来看，由于其文化渊源及思维方式的差异形成了一些不同的派别和研究路向，有始于结构主义符号学、逻辑符号学以及哲学的符号学美学、文化符号学等。符号学的各主要学派关注的对象及研究路径各有不同，因而其研究方法及影响也有很大的差异。

一般来说，符号学关注的是信息和文本如何与人形成互动并产生意义，以及文本符号的文化功能。从符号学的观点来看，符号由能指和所指构成。能指是具体的事物（符号形式），所指则是属于主体认知上的意义概念（符号内容）；两者之间的联系在最初的阶段可能是任意的、随机的，因为，符号的意义主要来源于其所处的社会环境或文化背景。符号分为三种：像符、表征和象征。符号学研究的重点应在第三种，因为在象征符号当中，能指与所指的关系更加约定俗成，符号学关心的就是这个意义发生联系的过程，即能指与所指之间如何产生联系。符号学对符号意义的层次划分，正是要找出符号当中最隐蔽、最不为人所熟知却又无时无刻不影响着人们的现实认知的

意义。在符号学那里，符号本身并没有什么实际意义，只有符号内外的各种关系才是符号学所关心的重点之所在。

2. 广播电视艺术中的符号学

广播电视艺术也同样是一个符号的世界。"大众传播"就是有关符号的选择、制造和传送的过程，以帮助接受者理解传播者在心中相似的意义。大众传播过程中充满了符号和由符号构成的文本，符号对于理解和研究大众传播（特别是广播电视），开辟了一条路。广播电视艺术的编导摄录的创造与制作、观赏与接受都不可避免地要涉及符号，其中的节目样式、标志、人物语言、动作、表情以及音乐、音响、画面等，从根本上说，都是一种符号，即代表某种信息、某种事物或思想过程的记号或标志。从符号学角度研究广播电视艺术也就是从其符号表达的角度把握其文本信息的意义，并考察其文本符号的文化功能。这里，同样应该考虑广播电视文本符号所指涉的三个对象：符号本身、符号所指对象以及符号的使用者。从这三者的相互关联中来把握广播电视艺术的符号体系、节目形态、创作以及接受的规律等，也就是在符号学的视野中把握和理解如何运用画面构图、音乐、音响等语言符号的手段来传达审美信息，开展审美交流，从而达到广播电视艺术传播意义的实现。

比如，符号学研究方法的首要任务之一就是区分符号类型及揭示符号意义。符号意义的三个层次的区分：表面意义、深层意义、潜在意义。大众传播研究可分为两大派别：一派认为传播就是信息的传递，是一种行为，故称为过程学派，它把广播电视的视听传播视为影响他人行为或心理状态的过程，关注媒介如何编码以及受众如何解码；另一派认为现代大众传播是意义的生产与交换，是一种产品，被称为符号学派，它关注的是信息与文本如何与人们互动并产生意义，即文本的文化功能。这两大派别虽然关注的侧重点不同，但是它们作为符号学研究的主要方法都离不开符号的层次区分及内容分析。

符号学的层次区分与内容分析方法破除了把同一含义的多种符号，或多种含义的一个符号机械分类的错误方法，加入对符号意义的考虑，不仅使得符号分类更加合理与有效，而且使得符号的意义直接与符号接受及文化传统联系起来。因为对符号意义的理解不同，同样的研究对象便可能有不同的划分标准，所以，以往有关符号层次区分与内容分析的方法的有效性，常因其分类不合理而受到质疑。如果能考虑到符号的不同意义层次，并在所有符号的同一层次上进行分类，不仅能够保证内容分析的合理与有效，而且能够深入揭示符号的相关意义。

与此相关，符号分析中的"隐喻"和"转喻"两个概念对于研究广播电视艺术传播也很有意义。符号学中的"转喻"就是部分代替整体，而"隐喻"，即利用两个符号之间的相似性，以一个类比另一个。隐喻和转喻所蕴含的，正是符号的隐含义，或者说，符号的隐含义通过隐喻和转喻手法表现为符号的深层意义和潜在意义；揭示符号的隐喻和转喻，正是为了揭示符号表达中的言外之意。这种隐含义来自社会的文化观念、心理结构、意识形态，这正是符号产生所依托的环境。正如，在电视的拍摄当中，仰拍的人物画面，除了表达画面人物这一明示以外，还传达出人物威严、握有实权、受尊敬的隐含义；与此相反，俯拍的人物画面，往往表现的是人物渺小、微弱、无权势的隐含义。这恰恰显示出符号系统中的传统与环境等因素的重要。

新兴的话语分析学，作为当代符号学运动的一个重要分支，在广播电视艺术学的研究当中，"本文科学"或"话语分析"，也可以成为理解广播电视的艺术创造、传播与接受的重要的符号学方法之一。它强调以文本为中心，主张通过抽样调查、内容分析、深度访谈、参与观察等方法来研究广播电视艺术的传播符号，分析广播电视艺术传播的话语特征，在语用及语义等不同向度上把握广播电视艺术的结构方式及深度模式。

符号学的方法是研究文本中的意义，即符号间的关系及符号与社会文化间的关系，并不是去研究孤立的符号。正因为符号不是孤立的，它的意义从其所处的社会背景和文化环境中产生，是社会赋予的，所以，符号学对符号意义划分层次，正是要找出符号最隐蔽、不为人熟知却又无时无刻不影响现实认知的意义，就好比是让人直面面纱背后的真实。在符号学的研究当中，符号本身并没有什么实际意义，只有符号的运用及其系统内外的各种关系才是符号学研究所关注的重点。广播电视艺术的符号学研究同样应该克服那种只注重孤立的符号的偏颇，而应更强调符号的系统性与社会性等。

当然，对于广播电视艺术学研究来说，符号学方法并不是万能的，突破其局限的解决之道就在于多种研究方法配合使用。比如，符号学研究中的量化方法能提供数据，破除了研究者的主观随意性，但它只看到了表面，没有深度，质化方法在分析的深度方面下功夫，恰好能补其不足。两种方式方法相互配合，互相补充，各司其职，才是符号学研究方法的恰当运用。

（二）信息论

1. 信息论的认知

信息论的方法乃是信息论研究和现代艺术批评相结合的产物。从方法论的角度看，它注意用自然科学的概念和方法来分析人的审美过程与心理体验，把艺术信息量同对人的审美感知的测量结合起来，并通过信息把艺术审美主体和客体联系起来进行考察。

信息论方法的运用是从艺术审美信息的创造与传播出发，并把具体艺术作品的审美信息分解为一系列能在电脑指令系统中加以辨识和计算的基本符号，把对美的研究纳入一般信息通信系统的模型中进行。

2. 广播电视艺术中的信息论

对于广播电视艺术学研究来说，信息论方法的运用就是着重研究广播电视艺术作品能够给人们发送多少新颖的或独创的信息量。由于信息量的新颖性、独创性在广播电视艺术传播交流过程中与信息的可理解性成反比：越是新颖的东西就越难以使人理解，而完全被人理解的同时也是完全陈旧的。为此，就必须找到既新颖独创而又容易被人理解的最优信息。所以，在广播电视艺术学研究中，可以把一部作品所带来的信息量按不同层次分离出多级水平，然后用超级符号进行有序排列组合，供接收者在各级水平之间进行不断选择（广播电视的栏目化与各专业频道的出现应该与此有很大的关系）；同时可用这种多层次排列组合理论来解释受众审美趣味的高低，它因此而成为广播电视受众研究的一个重要方面。

信息论方法并非只是提出了"审美信息"这一概念。"审美信息"的提出，也不仅是对用科学的方法研究艺术美学中的创作风格及审美接受问题具有一定意义，而且更重要的，审美信息的特点和性质的界定与分析对于传统艺术美学的经验性描述，乃是进一步的定性与定量意义上的发展。一般信息论分析有三个阶段，即语法信息阶段（主要解决信息在传播过程中的技术问题）、语义信息阶段（主要解决信息内容的正确传送、接收的问题）、价值信息阶段（主要研究信息的实效问题）。审美信息本质上属于第三阶段所需要解决的问题。因为大部分艺术作品具有明显的不可译性，如交响乐的指挥，对同一曲作原谱可做出不同的解释，因而在指挥演奏的过程中的艺术处理上就不一样，因此，在演奏时就会发送出不同的审美信息。同样，广播电视的艺术传播与交流过程当中，其审美信息就不仅是一种简单的传递，而且更应该是一种放大与创造，甚至需要营造出一种特殊的审美信息场。把握和解析其中审美信息的交流特点与传播规律，其信息论的一般方法必然不可少，同时更使其成为广播电视艺术学的一项重要课题。

正因为信息论的方法是在现代信息科技成果的基础上形成的，甚至用可推理的方法制定出一些模型和规则，用以研究信息、发送者、接收者的种种特性，所以，理性的思维，甚至数理方法、数码技术的使用都是可能的。但是，由于信息并不是纯客观的东西，同样的信息符号，对不同的人有着不同的意义，因而，信息论方法的运用无疑更需要系统的艺术观念的指导，才能准确统计、分析审美对象的信息特性。此外，信息论的方法还须注意到多余信息量的问题，并可用来分析艺术作品的创造与接受，特别是对于审美信息量做到较为充分的认知。

信息论的方法不仅可用于分析现成的艺术作品，如对广播电视艺术作品的拍摄制作以及题材方面的特色的分析，还能通过计算机进行统计与描述，对广播电视艺术表达、传播及审美接受过程进行量化的控制，并在得出准确的判断的基础上进行多媒体的加工。比如，当今方兴未艾的数字媒体艺术，特别是对其中的音乐、动画等作品，就可以用同样的方法分析其无声素材、调式、主导动机以及造型、构图等各级水平的不同特性。数字媒体技术至今已在广播电视节目制作中得到广泛应用，人们可用计算机列出多种排列组合供人选择，发展出前所未有的艺术表现形式和互动式的审美接受的效果。诸如此类，信息论的研究方法的运用显然是大有可为的。

（三）意象论

1. 意象论的认知

对于广播电视艺术学研究来说，意象论方法的运用可能更为契合其艺术本性。"意象"一词，原指具象的形而下的事物的情景状态，也是指恍惚无形的形而上的意义，还有着深蕴于人心的情与理、心与境。"意象"所指更是至小无内，至大无外，天地万物，无所不包。审美意象的最为突出的功能，就在由人们眼耳相接的具体事物，引人心入于玄远之境，与万化冥合。所谓"大象无形""大音希声"，其中"象"与"音"相应，"形"与"声"相随。后者是感觉式的，可以靠感官直接去感知；前者则是心智式的，需要靠心灵去体悟。它们显然都是一种心物感应中的"意象"的存在。所以，和西方传统重模仿再现的艺术形象的创造及现代主义的"喻象"表现不同，中国传统艺术中的"意象"不是简单的符号化的"立象见意"或"假象会意"，而是更注重创造出一种虚实相生、形神兼备、情景交融的审美体验与情境感悟。

目前，"意象"概念在现代美学和艺术批评中已得到广泛的应用。其学理则是建立在日益深入的文化交流以及美学的融通的基础之上的。从意象范畴来审视广播电视艺术，或者说，以意象论的方法来研究广播电视的艺术问题，就必须既要认同自身的文化传统，又要汲取外来的美学思想精华，并结合广泛且多样的广播电视的艺术实践，才有可能获得一种关于对象的切实而深入的理解。

2.广播电视艺术中的意象论

从意象论的立场来看，广播电视艺术本质上乃是一种意象的艺术，一种借助现代声画记录与播出的技术手段和方式来塑造形象、表情达意的艺术；或者说，广播电视艺术主要是通过声画手段和各种符号材料来营构一个意象的世界。运用意象论的方法研究广播电视的艺术问题，实质上也就是将这种意象作为一个十分重要的核心范畴，通过对广播电视艺术创作和审美交流当中的意象体验及其艺术表现的把握，从观念到实践对于广播电视艺术作品以及创作、传播和交流的过程进行具体的解读与分析。

意象的体验，离不开人们的视听感知，并且在人们鲜活的视听感知的基础上，经过"收视反听"的艺术思维，而归于心灵意象的营构。作为意象论的理论基础之一，里普斯的"移情说"就认为，在人与外界的万物之间存在某种神秘的相互对应的关系，在可见事物与不可见的精神之间有互相契合的内在联系。意象的缘起与实质就离不开这种心与物、情与景的密切关联。

作为现代视听艺术载体的广播电视，无疑需要给受众提供各种类型的节目，以满足受众的视听需要。但是，如果广播电视仅仅满足于为人们提供一般视听信息，那么它还远不足以成为一门相对独立的艺术。广播电视之所以能够成为一门艺术，不仅在于广播电视曾经广泛传播各种现成的艺术作品，更重要的还在于，广播电视本身就足以成为人们的一种视听感知对象，并在此基础上形成丰富的审美意象的体验，显示出传者与受众的一种共同的意象的营构。可以说，在广播电视艺术当中，所有审美信息的汇集、视听符号的表现，无疑都是以其审美意象的营构为目标的。审美意象也就成为广播电视艺术表现与传播交流的核心。它既离不开广播电视所提供的各种视听信息，也离不开具体的感性符号的表达，所以关于广播电视艺术的信息论的研究、符号学的研究等，也都免不了要归结到一种意象论的研究上来；意象论的方法也就自然而然地成为广播电视艺术学所不可或缺的学科方法之一。

（四）接受美学

1.接受美学的认知

美学研究应集中在读者对作品的接受、反应、阅读过程和读者的审美经验以及接受效果在文学的社会功能中的作用等方面，通过问与答和进行解释的方法，去研究创作与接受，以及作者、作品、读者之间的动态的交往过程，要求把文学史从实证主义的死胡同中引出来，把审美经验放在具体的历史—社会的条件下来进行考察。

接受美学的研究不仅要从接受者的角度去研究作品文本在被读者阅读、阐释的过程中其意义发生了怎样的变化，而且要去深入研究同一部作品在不同时代、不同国家和不同的读者群中，为什么会产生理解上的差异甚至理解完全相悖。接受的历史研究着重研究历史上对神话的接受及其演变；接受的实验分析则主要说明接受分析可以建立在实验基础上，并由此将更多的、背景各不相同的接受者纳入研究中来。接受的实验分析不像接受的历史研究那样，把自己基本上禁锢在文学圈里，而是将接受美学的视野扩展到一般艺术美学研究的领域，利用接受者的生活经验研究艺术接受过程及其对于接受行为的影响。

具体来说，接受美学基本的理论主张包括：其一，把艺术研究的注意力从作品文本转移到接受者的接受和反应上，聚焦在接受者对作品文本的内容系列的复合解说的反应上；其二，艺术作品的文本并非一个已完成的封闭结构，而是开放性的，它向所有接受者开放（艺术作品的意义其实是众多的接受者个人的"产品"或"创造"）；其三，艺术作品文本不存在某种"唯一正确的含义"，没有唯一正确接受理解某些对于作品的一致意见或解说的一致性，只存在于特定条件的某些接受者当中；其四，接受美学着重分析的是形成接受者反应的主要因素，文本提供的内容与接受者个人主观反应之间的关系等，如接受者的"期待视野"；其五，接受美学还以精神分析学的理论和概念为工具，分析读者的反应，如用"抵抗机制"分析读者如何抵制作者对他们的影响。

2. 广播电视艺术中的接受美学

将接受美学的方法运用到广播电视艺术学的研究，不仅仅是简单地从审美接受的角度研究广播电视艺术，而是从根本上将研究的立场与观念转移到受众的接受当中来。接受美学反对孤立、片面、机械地研究文学艺术，反抗艺术研究的现有秩序与立场，特别是反对结构主义化的唯文本趋向，强调艺术作品的社会效果，重视接受者的积极的、参与性的接受姿态，从社会意识交往的角度考察艺术的创作和接受，诸如此类，对于广播电视艺术学研究无疑都具有积极的启发价值。这一方面显示出在西方科学主义、结构主义思潮兴起之后，人文主义思潮的又一次抬头；另一方面，也是对广播电视艺术研究中的技术至上、文本中心立场的一次有效解构。事实上，由于广播电视艺术对于其受众有着非常高的依存度，尤其是广播电视艺术的特殊的接受方式，使得从审美接受的立场和角度上来研究广播电视艺术显得尤为必要，从而有效地借鉴接受美学的方法，拓展其研究界域也就是理所当然的了。其中，有些涉及广播电视艺术接受研究的领域，比如关于广播电视艺术节目的收视率调查，关于广播电视艺术节目的受众反馈统计，关于广播电视的接受过程以及受众心理研究等，无疑都需要接受美学的观念和方法的有效支撑。

同时，虽然接受美学的研究影响广泛，但是这种研究方法的缺陷也是明显的。接受美学研究的一个前提就是受众至上；与此相关，广播电视甚至不可避免地形成"收视率崇拜"，以至于漠视甚至取消了广播电视艺术所应该具有的引领人们精神、提升人们情趣的职责。因为接受美学所回避的是艺术审美的本质、艺术的创造属性等基本问题，在注重接受者的接受与反应的同时，却又不免贬低和否定艺术作品文本的地位和意义，表现了它的局限性和理论弱点。因而，广播电视艺术学研究中接受美学方法的借鉴无疑应该力求避免这种种缺陷与不足。

（五）比较艺术学

1. 比较艺术学的认知

在艺术学研究当中，比较研究方法乃是对于两种或两种以上民族的文学艺术形态类型之间相互作用的过程，以及文学与其他艺术门类和其他意识形态的相互关系的研究，就是所谓"比较艺术学的研究方法"。比较研究可以帮助人们更好地认识事物的本质。因为，比较原本就是认识事物本质的最基本的也是最重要的方法之一。然而，比较研究又不是简单地将不同对象进行形态类比与异同评析，而是根据一定的标准，对两个或两个以上有联系的事物进行考察，寻找异同，辨别优劣。同一和差异是在各种事物之间普遍存在的一种客观联系，这种同一与差异是进行比较研究的基础。

比较研究法就是对物与物之间和人与人之间的相似性或相异程度的研究与判断的方法。比较研究方法作为文化人类学研究的一种基本方法，在早期是古典进化论学者的主要的研究方法之一。他们不仅利用这一方法在不同的区域印证了文化的进程及结构，并且总结出比较研究方法的一些基本的原则与路数。

一般来说，比较研究方法的运用实质上乃是追求"同中求异"及"异中求同"，即要发现表面上相同或相似的事物有什么本质上的区别，或表面上似乎有明显差别的事物在本质上有什么相同之处。求同比较是寻求不同事物的共同点以寻求事物发展的共同规律。求异比较是比较两个事物的不同属性，从而说明两个事物的不同，以发现事物发生和发展的特殊性。通过对事物的

"求同""求异"分析比较，可以使人们更好地认识事物发展的多样性与统一性。

而比较研究方法的运用也可以分为三个步骤：第一，找出具有某种相同性质和类别的现象或事物；第二，按照比较的目的将同类现象或事物进行编组，列举各自相对应的属性与功能；第三，在此前的基础上，根据比较的结果而做出进一步分析论证，并得出相应的结论。

此外，根据比较目的的不同，比较研究的方法还可分为历史比较法与类型比较法两种。历史比较法在研究文化特质的分布及文化史的重建等方面广泛采用，在这些研究中，有人把比较范围限制得很窄，往往在一种文化形态之内，也有人把比较范围延伸得很广；类型比较法则需要同分类与归纳工作一起进行，同时要建立起一般的法则及规律，以探求文化现象的变化幅度。

与文化人类学的比较研究相关联，比较文学则是一门建立在比较方法之上，历史地分析、阐释两种以上民族文学之间的类同或差异以及相互作用的过程，同时探究文学与其他意识形态相互关系的学科。比较文学研究的理论基础是强调事物之间的可比性和内在联系。随着比较艺术学的发展，它已经形成了包括影响研究、平行研究和跨学科研究等方面在内的比较严密的学科体系和研究方法。

所谓影响研究，就是指对超越国家、语言和文化界域的不同文学之间基于事实联系之上的相互渗透与互动的影响史实进行的一项专门研究。影响研究既是比较文学学者最早使用的一种基本方法，也是最初在法国形成的一种有一定学科研究规范的研究类型。影响研究指双方的相互作用和彼此渗透，必须是那些跨国界、跨语言、跨文化的文学互动和互渗。比较文学就是国际文学的关系史。比较文学工作者站在语言或民族的边缘，注视着两种或多种文学之间在题材、思想、书籍或感情方面的彼此渗透。影响研究，在方式上是通过历史追踪和实证考据，考察一个作家、一部作品、一种文体、一国文学在外国的影响，或探讨作家和作品的源流受到哪些外国文学的影响，或研究产生影响的媒介。影响研究寻求某一国家文学始自放送，经由传递，再到被接受并产生影响的"经过路线"，总结出"放送者—传递者—接受者"的具体研究方法。影响研究可就此而具体细分为"誉舆学"（流传学）、"媒介学"（译者、译本、改编、演出、评介交流）和"渊源学"（主题、题材、文体、风格的来源）三种研究范畴。

所谓平行研究，是比较文学中相对于影响研究的另一类重要的研究路数，由于其研究的对象彼此之间并无直接影响交流，犹如互不相交的平行线，故称其为"平行研究"。简言之，比较文学是一国文学与另一国或多国文学的比较，是文学与人类其他表现领域的比较。平行研究主要考察和研究那些在跨地域、跨文化和跨语言背景下没有明确的渊源与事实关系的文学现象之间的异同或互动；这种平行比较还包括跨学科的交叉研究，它运用的方法基本上是逻辑分析与审美批评的综合。因而，平行研究也常常被认为是"跨学科研究"。平行研究的视野开阔，范围广泛，然而它关注的核心问题依然是研究对象本身的艺术特质。

而所谓跨学科研究，是指对于研究对象进行跨越单一的学科领域的考察与审视，比如就文学与哲学、人类学、美学以及文学与社会文化学等方面的多元交叉的关系进行研究；甚至跨越研究对象所属的文化传统与类型，故而又有"跨文化比较研究"之称。也就是对照检验不同文化艺术中的资料，进行统计分析，从而在抽样基础上建立起跨越文化传统与类型的归纳与总结。这种"跨学科"或"跨文化"的比较研究，不仅意味着研究者的视野要从"作家—作品—读者"扩展到社会历史方面，也可以理解为把思想史、人类学、地域研究和社会科学方法引入文学视野，重新定位比较文学，以期促进人类文学经验的会通和重新整合。其目的也就是要从世界各地不同的民族文化与文学收集的资料中抽取样本，并把这些抽样的资料做统计分析，用来说明一种文学传统得以形成的一般规律。

事实上，当影像研究和平行研究等这样一些经典性视角不再统领比较文学研究领域的时候，在它的边缘地带更容易出现跨学科的尝试。当然，在现有学科体制之内，这样的尝试通常更多带有探索性与边缘性，它需要和其他学科的交叉与互动。

2. 广播电视艺术中的比较艺术学

当代比较艺术学中的跨学科与跨文化比较，对于广播电视艺术学研究来说具有非常重要的意义。因为，广播电视艺术不仅仅是现代传播技术的产物，而且更重要的还在于，广播电视艺术作为一种后来居上的艺术形式，无疑承载着多种艺术形式与文化传统的广泛影响，它与其他多种艺术形式之间既有着共时的"平行"竞争，又有着历史的广泛"影响"，更体现为当代不同国家、不同文化的交流沟通的媒介与桥梁。所以，就广播电视艺术学的研究对象而言，存在着各种"可比性"，为广播电视艺术学的比较研究提供了具体可行性的基础。

广播电视艺术学的比较研究，既可以是不同国家与文化背景下的广播电视艺术现状及发展趋势的比较考察，也可以是广播电视艺术的不同形态类型或节目样式之间的比较分析，还可以是对于广播电视艺术自身不同要素、不同风格、不同受众群体及不同的价值取向之间的比较阐释。

无论是哪种类型，在具体的研究过程中，广播电视艺术学的比较研究方法的运用应该有一般意义上的描述、解释、并列、比较等具体的步骤。

比较研究的第一步是"描述"。比较研究往往是从详细描述比较的对象开始的，也就是说，对广播电视艺术以及与其相关领域的现状与影响尽可能周密、完整、客观地描述出来。为此，不仅要收集相关的资料文献，而且更需要对其所承受的影响及其变异有充分的了解。

第二步是"解释"。在完成对所要比较研究的广播电视的各种节目样式、风格表现等加以详尽而客观描述的同时，就要对所了解的传承及发展情况进行解释，以说明这些改变所具有的意义，从而不仅了解事物是怎样的，而且了解事物为什么那样。也就是说，以社会学、政治学、经济学、人文学、历史学、心理学、哲学等学科研究的，把所描述的广播电视艺术现状与社会的一般现象联系起来进行思考，并说明它们所具有多方面的意义，达到合理而有效的解释。

第三步是"并列"。从严格意义上讲，比较研究从"并列"阶段才真正开始。因为在这个阶段，首先把前一阶段里已描述并解释过的广播电视艺术现象进行分类整理，并按可以比较的形式排列起来；在此基础上确定比较的格局，并且设立比较的标准。

第四步是"比较"阶段。在"比较"阶段，要对"并列"阶段提出的现象按照"平行"或"影响"的原则来"比较"各自的优劣得失，并通过进一步分析考察，得出合理的结论与假说。

总之，广播电视艺术学研究方法应该是多种多样的。此处关于广播电视艺术学的研究和思考也无疑体现了从经验的总结、历史的把握到本体的、形式的探索，再到对于社会学、文化学、传播学、心理学、信息论等相关学科方法的广泛借鉴。而这一过程，也正是广播电视艺术学方法论从自发到自觉的过程；或者说，也正是这种方法论的自觉，才足以成为广播电视艺术学走向成熟的重要标志。

第三节　广播电视艺术学的研究发展历程

与其他学科的建设一样，广播电视艺术学的研究与深入，总是在探索中前进，在开拓中提高。在经历了从无到有、由浅入深、从自发到自觉、由"术"到"学"的艰难历程之后，终于在 20 世纪 90 年代，广播电视艺术学开始作为一门独立的学科而诞生了。

一、自发的研究——初创期

理论的升华和飞跃依托于实践的丰富和创造。中华人民共和国成立后，人民广播的发射功率小，人员、设备、资金等都处于非常困难的状态。政治广播、新闻广播占据极其重要的位置，文艺广播仍处在附属的、辅助性的地位。理论研究在很长一段时期没有被提到议事日程上来。

在研究方式和运作上，基本上是自发式的、散兵游勇式的，没有形成像样的理论队伍和专门化的理论研究机构。在高等院校中设立广播电视艺术专业者仅有北京广播学院（今中国传媒大学）一家，教材建设和理论建设都非常薄弱。长达数十年的初创期是个起步阶段，属于有"术"无"学"的酝酿、铺垫期。

二、自觉的研究——发展期

20 世纪 80 年代是中国广播电视艺术学的研究由起步进入发展的大好时期。

随着我国广播电视事业的迅猛发展和广播电视艺术作品（节目）的丰富和提高，特别是广播剧、电视剧、春节电视联欢晚会等艺术形式日益深入人心，产生广泛而强烈的反响，以及广播电视艺术论著的相继问世，这场争论逐渐得到共识，即电视既具有艺术的品格，也有必要和条件建立自身的美学。许多电影艺术家和电视理论家纷纷介入电视，从事电视剧创作和电视艺术理论研究。

三、自成一体的研究——成熟期

广播电视艺术研究在经历自发、自觉两个阶段的积累之后，逐步有了一些成果。20 世纪 90 年代以后，广播电视艺术研究开始进入一个成熟时期，出现并取得了一些前所未有的丰硕成果。

进入 21 世纪以来，广播电视艺术的研究队伍在不断扩大。一方面，以北京广播学院（今中国传媒大学）为代表的一些高等院校广播电视专业开始招收硕士生、博士生；另一方面，其他一些如电影、文学之类相邻专业的学者与硕士生、博士生也大量介入广播电视艺术的研究领域。由于每名硕士生与博士生都有相应的发表论文的任务，近几年来的广播电视艺术研究在数量上出现相对繁荣的局面。

广播电视艺术研究进入了一种学科体系逐渐明晰与完备的时期。电视美学、电视剧艺术学、电视文艺学、电视播音艺术学等作为广播电视艺术学的子学科体系也逐步建立起来。这个时期，出现了电视与其他学科交叉融合的嫁接性学科，如电视文化学、电视社会学等也开始有著作出现。

近年陆续有广播影视艺术方面的一些丛书出版，这些著作是这些学者多年来在广播影视艺术研究领域进行辛勤耕耘的成果汇聚，是颇有意义的学术论集。

至今，广播电视艺术教育蓬勃发展。除了中国传媒大学作为广播电视艺术教育的专业院校外，不少综合大学和文科院校也都在开设与广播电视相关的学科和专业，这些大学院校在广播电视艺术学的学科建设、理论建设上也分别做出了自己的贡献。

综上所述，中国的广播电视艺术学方兴未艾，前景广阔。由于该学科具有研究对象的特殊性和原创性，具有新兴的广播电视事业的较大优势和学科特色，其发展势头是令人欢欣鼓舞的。

第四节　广播电视艺术的功能分析

广播电视艺术，是通过广播电视声画语言，塑造视听形象，给观众以艺术享受的广播电视节目。广播电视艺术节目形态多种多样，包括广播剧等丰富多彩的广播文艺节目，还有电视剧、电视专题片、电视文学节目、电视音乐节目、电视舞蹈节目、电视戏曲节目、电视综艺节目、电视动画片、电影、电视电影等。

广播电视艺术的发展动力在于其创新意识、独特的样式和风格，在其发展过程中，技术的、工艺的机械重复是它的日常生存形态。广播电视艺术的存在目的，是不断地面对、挖掘新问题，用不同的方式方法和全新的视角表现世界，满足观众不断增长的视听需求。广播电视艺术可以帮助受众树立正确的道德观、价值观、人生观，歌颂美德，营造多彩的、理想的、和平的世界。这是一个以创意谋生存、求发展的行业。广播电视艺术是一种在现代技术推动下获得高度自由发展的传媒艺术，需要艺术家、广播电视从业者及广大受众合力经营，共同促进人类文明发展进程。

一、信息功能

广播电视艺术便捷地传送大量信息，用各种各样的信息包围着现代人，是当今世界最具活力、最强势的传播媒体，也是最有优势的大众传播媒介。作为相对覆盖面最为广泛的大众媒体，广播电视既是告知者、有效率的教师、主要的说服者，还是很好的娱乐供应者。广播电视艺术传播，是经由广播电视媒体传送各种文艺信息给受众，任何人只要拥有适当的接收器，并且位于接收范围之内，都可以接收到它传输的信息。

信息传输的迅捷性和广泛性，使人们不知不觉中从"读写时代"步入"视听时代"。现代青少年是视听信息环境中迅速成长起来的一代，他们不再只是在读书、看报等有限的媒体历练中慢慢成熟起来，这个多媒体时代也被称为"文化快餐时代"。尽管面临着各种各样的猜疑，青少年在广播电视的陪伴下逐渐成长却已成为不争的事实。电视剧虽承载着丰富的人文和社会知识，在电视节目当中占据优越地位，但还是经常受到学界居高临下的鄙薄和质疑。即便如此，所有的不安都没有阻挡住历史的潮流前进，也不能遏止人类与广播电视越来越亲密的关系。广播电视艺术的信息功能，在传播的过程中是一个重要的生长点。

信息是指被传播的内容和事实，包括消息、资料、知识和数据等。内容和事实成为经过编码的信号，被传播和接收。传者将信息内容编码，运用信号进行表达；受者再根据自己对于接收到的信号的适应和熟练程度将其解码，最终获得传者的信息。广播电视媒介是通过无线电波或导线传送声音、图像的具有多种功能的现代化传播工具，能够突破时空限制，远距离地、同步地传输信息，以视听形象同步动态传送、报道正在发生事件的实况，往往能最大限度地吸引广大受众，让受众获得身临其境的感受。

20 世纪中叶以来，世界最显著的特征之一是人类进入信息社会，受众在传播过程中的地位迅速提高。受众作为传授双向系统中的重要一端，渴望参与和表现的热情受到重视，受众与传播者的交流和共谋成为广播电视艺术传播的重要因素，传播者与受众是一种互相制约的双赢关系。广播电视艺术传播强烈的现场感与电视收看的家庭性，使其亲切而富有人情味的传播特征变得异常重要，主持人成为一种信息传播的载体，电子新闻采集设备与电脑、控制技术等结合，日臻完善的现代化技术手段为广播电视的发展提供了必要的物质保障。

信息是人们通过采集、识别、变换、加工、传输、存储、检索和利用等过程获得的。其表现形式有数据、资料、消息、新闻、情报等。每种媒体使用的符号系统不同。有的媒体只能表达一种符号系统，传递一种信号；有的媒体可以表达两种或两种以上的符号系统，传递丰富的信息。广播电视艺术的信息功能，就是广播电视艺术工作者把已知的信息用一种广播电视艺术形式、观众可以理解的形式发送出去。在技术上，可以把信息数字化，所有形态的信息都能如此加以处理；照片也可以被分解成数字，图中的每一个点都被赋予一定的值，然后照片便能通过电话或卫星发送出去或接收过来。

人在传播过程中进行的信息交流是通过人与信息的相互作用达到的。所谓人与信息的相互作用过程就是人接收信息刺激，做出反应，得到反馈，获得影响的过程。这里，传播过程的双方必要的反应是保证传播达到预期目标的一个重要环节。传播双方参与和反应越积极、越频繁，传播过程越顺利，越不容易中断。

电影对于观众来说，可控制性很差，既不能控制信息的内容，又不能控制信息传播的时间和顺序。广播、电视与电影相比，增加了在现有频道范围内选择内容的可能性，但是，仍不能控制节目播出的时间和顺序，重播的安排则可以弥补一次性播出带来的信息流失性，对于媒体的接收和控制方面有了一定的保障。

随着信息技术的飞速发展，广播电视艺术交互的种类在不断增多，其交互性能也有明显改善。媒体的交互性是对于传播效果影响极大的一个因素。单向媒体是不具备交互功能的媒体，只能提供由传者到受者的单一方向的信息；受者只能被动地接收信息，无法做出反馈和响应。这样就难以判断传播是否成功地发生了，是否在顺利进行，当然传者也不能知道受者在哪些方面有困难和疑问，这对于重要内容的信息传播是很不利的。

信息化时代，人们对广播电视艺术信息的需求从数量到深度都在空前提高。这就要求传播者为受众提供从内容到形式更加丰富、更加专业的审美艺术。传播者要帮助受众整合来自各方面的信息，为受众提供专业化的、有深度的艺术形式，给受众展示多方面的思想情趣，在多样化的艺术表达中给受众以科学思考的空间和宣泄情感的通道。这既是对受众知情权的尊重，也是对受众话语权的给予，亦是信息化时代对受众信息多元化、多层面满足的通盘考虑。

随着市场经济的高速发展和人民生活水平的提高，全社会表现出日益高涨的对文化、信息的需求，需求规模巨大、数量惊人，而且多层次、多方位、多类别，特别是对丰富多彩的广播电视艺术文化（满足生理感官上的休养与愉悦直至探寻复杂微妙的精神世界）的需求日益高涨，人们也越来越注重享乐、休闲和自我价值的实现。人们不仅关注事件的过程，而且更关注其中人性的道德、情感、欲望等心理因素。广播电视艺术的声画并举、视听兼备、直观可感、细节生动和表现形式多样化的优势，淋漓尽致地满足着大众的需求。当然，在媒介技术保证的基础上，人的想象力和创造性是广播电视艺术的功能发挥的关键因素。

二、宣传功能

广播是最早出现的电子大众传媒，具备强大的宣传功能。因此，广播在各国政治、经济、社会、文化生活中的作用巨大。广播有通过无线电波传送节目的无线广播，也有通过导线传送节目的有线广播；有仅仅传送声音的声音广播，也有传送声音、图像的电视广播，又简称电视。广播电视传播信息的时效性和广泛性超过其他任何大众传媒。虽然早期的广播存在稍纵即逝、需要顺序收听收看、接收装置价格较高等缺陷，但是自从电视 20 世纪初叶问世以来，由于它强大的信息功能、宣传功能，各个国家和地区都争先恐后发展广播电视事业，导致全球的广播电视陷入急剧扩张的状态。

广播电视事业作为文化建设的重要组成部分，是人民群众接受文化、欣赏文化，取得信息、利用信息的最重要、最广泛的一个领域，其发展水平在某种程度上决定了文化建设的状况，决定着社会改革发展稳定的状况。广播电视艺术是宣传属性、意识形态属性很强的文化产品，创造经济效益使得它可以扩大再生产；广播电视艺术应追求两个效益和两种属性，跨越巨大的矛盾和挑战去寻求特殊的生存路径。

三、大众娱乐功能

电视是在二维平面上幻现出四维时空，通过电视拍摄、编辑等手段，根据创作需要压缩、延长叙事时间。电视上运动着的时空高度自由，不仅再现生活，更是对现实和历史的能动表现，也是人类内心世界的丰富感受的物质表现形式。空间在不断延续的时间中呈现，时间在具体直观的空间中流淌。广播电视技术手段本身，为大众娱乐创造了重要的物质条件和技术支持。

广播电视艺术形式多样、五光十色。无论是综艺节目还是电视专题片、纪录片、电视剧等，都具有鲜明的大众娱乐功能。与市场经济伴随的往往是多元并存的大众市民文化，而且以休闲消费文化为特征，娱乐是其本位。当代中国广播电视艺术，已然融入大众市民文化的建设。其打破神圣等级、鼓励自我参与、受众与媒体共娱共乐的存在方式，其弃表演而求真实、有程式却生活化、共时性交流的特点，给广大受众留下了深刻的印象。

一些融娱乐、情感、音乐、益智于一体的综艺类节目，是经过仔细包装的以娱乐为本位的大众文化。大众化的娱乐文化节目受到大众的广泛欢迎，也受到一些争议。它与生俱来的市场文化的趋利性、时尚性，对传统精神文化的冲击和瓦解，对历史已经被赋予的说法和形象的消解和重构，对转型期中国社会的价值观建设发挥了至关重要的作用。因此，广播电视艺术必须以健康向上的精神信仰力量作支撑，才能不负提升大众文化素养的神圣使命。

广播电视艺术的娱乐功能，不仅表现在丰富多彩的节目样式，也表现在风格迥异、个性鲜明的节目主持人。作为电视文艺传播者，主持人利用电视传播的一大特点——"现场感"，尽力吸引受众。今天，广播电视文艺节目在中国迅速扩张，受到大众的广泛欢迎，电视文艺传播者（主持人）的文化修养显得格外重要。主持人对社会、人生、哲学的感悟和理解，用适当的方式将其有效传递给广大受众，直接关系到广播电视文艺节目的存在价值。有力度、有意味、有品格的电视文艺作品，凝聚着主持人平常对社会生活的观察、体验，分析、思考，是其长期文化积累、文化思考、社会思考的结果和体现。

四、文化消费功能

广播电视是 20 世纪最有影响力的大众传媒，因为其亲切、紧凑、通俗的特性而获得了巨大的普适性。改革开放以来，中国经济获得了长足的发展，解放生产力，除了物质层面还有精神层面的更高要求，但是电影、话剧、音乐会等票价长期居高不下，广播电视艺术欣赏和接受成为广大人民群众的重要文化消费形式之一。

从普通市民到文化精英，从大众娱乐到艺术精品，各个阶层的文化消费者，表现出对广播电视艺术作品不同种类、不同层次的强烈需求，追求生理感官的休憩与享乐，或对精神世界的探寻、发现与抚慰。广播电视艺术的高度发达，肯定个人对自身的文化利益需求，肯定个人对文化消费的合理性，给予大众市民文化批判的依据和平台，对加快我国社会主义民主化、法制化进程有巨大推动作用。

中国广播电视艺术事业，要紧紧围绕最大限度地满足人民群众日益增长的精神文化需求这个中心任务，创新体制、转换机制，转变管理方式，强化依法行政，确保广播电视事业和产业快速、持续、健康、有序发展。中国广播电视艺术应该不仅属于中国人民，也属于世界人民，不仅属于华语文化圈，也属于一个更加广阔的世界。

第二章　新媒体时代的广播电视

新媒体其实是一个变化的概念，"新"与"旧"是相对的。任何事物在诞生之始都是以新面目出现的，但是随着时间的流逝、技术的进步，"新""旧"之间的界限会逐渐模糊，直至消失。

首先，新媒体是一个时间的概念。在媒介发展史上，每一次媒介技术的变革都会带来所谓的"新媒体"，特别是在知识爆炸、技术更新迅速的今天，各类新媒体层出不穷，新媒体的外延更是不断被拓展。仅以网络媒体为例，在短短的几年中，博客、播客等新媒体形态纷纷冒了出来。在信息时代，不仅新的技术革命和物质形态变化可以产生新媒体，新的软件开发、新的信息服务方式的推出都可以称为一种新媒体的诞生。

其次，新媒体也是一个技术的概念。当下的新媒体指的是依托数字技术、因特网技术、移动通信技术等新兴科技产生的向受众提供信息服务的一系列新的工具或手段，其种类可谓丰富多彩，其中有的属于新的媒介形式，有的属于新的媒体硬件、新的媒体软件或新的信息服务方式。

第一节 技术发展对广播电视的影响

纵观媒介发展史可以发现，在每一种媒介诞生的背后都有新的传播技术在默默推动。造纸术的发明和活字印刷术的出现成就了报纸与杂志的广泛传播，无线电技术的发明带来了广播媒体的诞生，约翰·贝尔德发明的电视接收装置使人类跨入了电视时代，阿帕网（ARPANET）技术的出现形成了互联网的雏形，模拟蜂窝移动通信技术的试行拉开了手机发展的序幕……以网络媒体和手机媒体为代表的新媒体更是如此，它们的每一次升级与更新换代都离不开数字技术、互联网技术、移动通信技术和多媒体技术的革新。

一、互联网技术的发展及其对广播电视的影响

1. 互联网萌芽及广播电视网络化的初步探索时期

1969 年，美国国防部开始启动阿帕网，即互联网的前身。1983 年，阿帕网宣布将过去的通信协议"NCP"（网络控制协议）向新协议"TCP/IP"（传输控制协议／互联网协议）过渡，从此不同的网络开始能够互相连接，美国全国性互联网才得以真正建立起来。1993 年，伊利诺斯大学美国超级计算机应用中心马克·安德里森等人开发出了第一个真正的互联网浏览器"Mosaic"。Mosaic 改变了整个网络，它后来修正后被作为网景导航器推向市场，一年之内就席卷了整个互联网市场。1994 年开始，国际互联网的发展领域从科研教育领域向计算机领域转变，从此引发了全球性的互联网热潮。

在我国，互联网真正向大众推广应该始于 1995 年之后。

1995 年开始的互联网发展也是传统新闻媒体网络化的初始阶段。1996 年 10 月广东人民广播电台建立网站（www.radioGuangdong.com），1996 年 12 月中央电视台建立网站（www.cctv.com），标志着我国广播电视媒体开始向网络传播领域进军。到 1999 年底，全国建立独立域名的新闻宣传单位达 700 多家，以人民网、新华网为代表的一批国家重点新闻网站出现。2000 年 3 月，新华通讯社网站更名为新华网，并启用新域名 "www.Xinhuanet.com" 及 "www.xhnet.com"；2004 年，人民日报网络版改版并改名为人民网，启用新域名 "www.people.com.cn"。实际上，传统媒体网站的更名背后意味着新闻媒体网站自我定位的变迁——从最初的传统媒体电子版向独立的新闻网站或以新闻为主的大型综合网站转型。

从 1999 年开始，地方媒体网站开始跳出单打独斗的状态，进入探索联合发展道路时期。2000 年 5 月 8 日，上海东方网正式启动。它是由上海 14 家主流媒体共同投资组建的大型综合性网站。这 14 家单位将在清样付印、即时新闻播发之前，第一时间向东方网传送信息源，并在东方网上即时刊发。在运营上，东方网采取商业化的运作模式，与没有政府和传统媒体背景的商业网站相比具有得天独厚的政策优势与发展空间。

2. 互联网经济泡沫与网络媒体转轨

2000 年，前脚几大门户网站欢欢喜喜地在纳斯达克上市，后脚就经历了全球互联网经济泡沫和纳斯达克市场的动荡，以商业网站为代表的部分网络媒体出现了前所未有的艰难局面，国内很多名噪一时的网站或是倒闭或是另谋他途，仅有几家苦苦支撑，并开始寻求新的发展道路，探索新的赢利模式，比如开始尝试收费邮箱、电子商务、手机短信等收费服务，进行以营利为目的的艰难转型。到2002年年底，一些网站逐渐摸索出了适合自己的发展模式。国内的媒体网站在平稳运行的发展之后也进入了新一轮的调整期。

3. 重新起飞和全面发展时期

2002年，商业网站扭亏为盈。2002年7月，三大门户网站先后宣布从亏损进入赢利时期，这标志着国内商业网站开始走出低谷。商业网站的赢利模式从单纯以网络广告为主要收入来源，拓展到以增值服务、网络游戏和网络广告为主的多元化收入渠道。

2003年，多事之秋成就网络新闻和网络舆论的发展。重大事件的报道使得国内网站的新闻业务水平得到了历练与提高。而随之成长起来的中国网民尤其是青少年一代和知识分子开始关注网上评论和表达，通过个人在网络上的表达来跟进整个事件的进程。

2004年，是我国网络媒体发展的第二个拐点。在这一年，一批新兴的商业网站——垂直门户网站开始出现，这些垂直门户网站成为商业网站的后起之秀，它值得借鉴的战略模式、经营模式与内容模式对综合门户网站造成了有力的冲击。此外，以博客为代表的微传播时代也已经到来，博客的个人媒体性质及其独立性、自创性，使它成为Web2.0时代的典型代表。在这一年，"责任""自律"成为网络媒体提到最多的词语，《互联网新闻信息服务自律公约》的签署以及互联网违法和不良信息举报中心的成立标志着网络媒体自身的社会责任和自律问题已经被提上了一个重要高度。

2005 年以后，网络媒体进入全面开花、百花齐放的新阶段。一是以新华网和人民网为代表的新闻网站成为中国网络新闻影响力的主导者。尤其是在重大新闻事件的报道中，重点新闻网站无疑占着主导地位，它们经授权对重大事件进行报道，并通过商业网站过亿的点击率进行二次传播，从而引导舆论的发展。二是商业网站成为网络点击率的引领者。垂直门户网站以其专业、精准和深化的特性吸引了大量的行业内人员，搜索引擎网站以其方便性和实用性聚集大量搜索信息的网民，天涯等社区类网站以其虚拟性和互动性积集大量人气，新浪网推出的博客和播客等新媒体业务为新浪带来了急剧飙升的人气和点击率。三是知名品牌栏目的形成，像国际在线的"网络广播"、央视国际的"网络电视"、新华网的"新华手机报"、中国广播网的"电子杂志"等迅速积聚了大量人气。四是博客、聚合内容（RSS）、网络杂志等新媒体形式的出现。

互联网技术的创新使得网络媒体的发展进入飞驰阶段。然而，我们也应该清醒地认识到，技术的发展是比较简单的，更大的挑战是组织上和制度上的创新，还有文化上、思想上的创新。传统媒体在很多问题没有解决的情况下，一步跨进新媒体的时代。我们面对一个压缩的时间，要在各个方面同时发展。

二、移动通信技术的发展及其对广播电视的影响

1. 移动通信技术的发展

移动通信是指通信双方至少有一方在移动中（或者临时停留在某一非预定的位置上）进行信息传输和交换。移动通信技术使数字信息的传播摆脱了

电线、光缆等实体网络的限制，通过无线网络实现随时随地的传播。

（1）第一代移动通信技术

第一代移动通信技术（1G）是指最初的模拟，仅限语音的蜂窝电话标准，制定于20世纪80年代。Nordic移动电话（NMT）就是这样一种标准。模拟蜂窝服务在许多地方正被逐步淘汰。1987年11月，为配合第六届全运会开幕，我国引进了第一套模拟移动通信设备，首批入网用户只有700个，但是从此拉开了我国移动通信产业发展的序幕。这种蜂窝式移动电话俗称为"大哥大"，在当时的意义来说，身份的象征更大于通讯的应用。2001年12月31日，我国便彻底关闭了模拟移动通信网。

（2）第二代移动通信技术

第二代移动通信技术（2G）系统采用了数字化，具有保密性强、频谱利用率高、能提供丰富的业务、标准化程度高等特点，使得移动通信得到了空前的发展，从过去的补充地位跃居通信的主导地位。

1994年10月25日，我国移动通信由此进入了第二代数字移动通信时代。主流的移动通信终端使用的是第二代移动通信技术，可以提供的信息服务主要有语音、短信息、彩信、互联网服务等。已经进行商业应用的2.5G移动通信技术是从2G迈向3G的衔接性技术，由于3G是个相当浩大的工程，所牵扯的层面多且复杂，要从2G迈向3G不可能一下就衔接得上，因此出现了介于2G和3G之间的2.5G。高速电路交换数据业务（HSCSD）、移动数据业务（GPRS）、无线通讯协议（WAP）、蓝牙（Bluetooth）等技术都是2.5G技术。2.5G技术的出现使得手机平台的功能得到了很好的拓展，逐渐从语音平台演进为视频、数据、娱乐、商务和支付等多功能媒体平台，手机报纸、手机广播、手机电视等媒体因此被开发出来。

（3）第三代移动通信技术

第三代移动通信技术（3G）是指将无线通信与互联网等多媒体通信结合的新一代移动通信系统。它能够处理图像、音乐、视频流等多种媒体形式，提供包括网页浏览、电话会议、电子商务等多种信息服务。第三代移动通信系统一个突出特色就是，要在未来移动通信系统中实现个人终端用户能够在全球范围内的任何时间、任何地点，与任何人之间，用任意方式、高质量地完成任何信息的移动通信与传输。可见，第三代移动通信十分重视个人在通信系统中的自主因素，突出了个人在通信系统中的主要地位，所以又叫未来个人通信系统。

（4）第四代移动通信技术

第四代移动通信技术（4G）系统能够以 100Mbps 的速度下载，比拨号上网快 2000 倍，上传的速度也能达到 20Mbps，并能够满足几乎所有用户对于无线服务的要求。在用户最为关注的价格方面，4G 与固定宽带网络在价格方面不相上下，而且计费方式更加灵活机动，用户完全可以根据自身的需求确定所需的服务。此外，4G 可以在 DSL 和有线电视调制解调器没有覆盖的地方部署，然后再扩展到整个地区。

2.一部手机，一场革命

手机媒体具有随身性和随机性、移动性和互动性、私密性和开放性、大众性和分众性、群发性和定向性、强制性和随意性、即时性和可存储性等特点，所以手机派生出很多新的业务形态——手机广告、手机电视短剧、手机电影、手机广播、手机新闻发布厅、手机文学小品、手机音乐、手机动漫、手机游戏、手机商务交易，它们形成一个个新的赢利亮点，实现信息服务、一站式信息获取，由点到点的通信变成点到面、一点对多点和多点发散式的互动沟通和分众消费，手机信息的本地化特征越来越明显，手机内存必将大大地增容。与手机对接的智能终端层出不穷，公交车、地铁、高铁、民航飞机上，办公室和居民家里，以及公共场所的沙发扶手上，出现许多高清晰度电视屏幕等数字化接收终端的手机接口。在此基础上，手机媒体产业链和商业模式以强劲之势迅速形成，其市场规模越来越大。

手机媒体有可能改变人们的阅读习惯，改变人们的价值观念、效率观念和文化环境。成长中的手机媒体，正在培养自己的受众；成长中的受众，也正在改变着手机媒体文化。

此外，以数字电视、网络电视（IPTV）为代表的互动性电视新媒体和以户外新媒体、楼宇电视和移动电视为代表的新型媒体群均是新媒体中不可忽视的力量，同网络新媒体和手机新媒体一样，它们也正在经历从生产到迅速成长的历程。

三、多媒体技术的发展及其对广播电视的影响

20 世纪 80 年代中后期开始，多媒体计算机技术成为人们关注的热点之一。多媒体技术是一种迅速发展的综合性电子信息技术，它给传统的计算机系统、音频和视频设备带来了方向性的变革，将对大众传媒产生深远的影响。

多媒体计算机将加速计算机进入家庭和社会各个方面的进程，给人们的工作、生活和娱乐带来便利。

20 世纪 90 年代以来，世界向着信息化社会发展的速度明显加快，而多媒体技术的应用在这一发展过程中发挥了极其重要的作用。多媒体改善了人类信息的交流，缩短了人类传递信息的路径。应用多媒体技术是 20 世纪 90 年代计算机应用的时代特征，也是计算机的又一次革命。

（一）什么是多媒体技术

"多媒体"一词译自英文"Multimedia"，而该词又是由 multiple（倍数）和 media（媒体）复合而成，核心词是"媒体"。媒体（media）在计算机领域有两种含义：一是指存储信息的实体，如磁盘、光盘、磁带、半导体存储器等，中文也译为媒质；二是指传递信息的载体，如数字、文字、声音、图形和图像等，中文译作媒介，多媒体技术中的媒体是指后者。多媒体是指能够同时获取、处理、编辑、存储和展示两个以上不同类型信息媒体的技术，这些信息媒体包括文字、声音、图形、图像、动画、视频等。从这个意义中可以看到，我们常说的多媒体最终被归结为是一种技术。现在人们谈论的多媒体技术往往与计算机联系起来，这是由于计算机的数字化及交互式处理能力极大地推动了多媒体技术的发展。通常可以把多媒体看作先进的计算机技术与视频、音频和通信等技术融为一体形成的新技术或新产品。

因此，多媒体的定义可以理解为：计算机综合处理多种媒体信息、文本、图形、图像、音频和视频，使多种信息建立逻辑连接，集成为一个系统并具有交互性。简单地说，计算机综合处理声、文、图信息和具有集成性和交互性。

（二）多媒体技术的发展

显示芯片的出现自然标志着电脑已经初具处理图像的能力，但是这不能说明当时的电脑可以发展多媒体技术。20 世纪 80 年代声卡的出现，不仅标志着电脑具备了音频处理能力，也标志着电脑的发展终于开始进入了一个崭新的阶段——多媒体技术发展阶段。1988 年 MPEU（运动图像专家小组）的建立又对多媒体技术的发展起到了推波助澜的作用。

自 20 世纪 80 年代之后，多媒体技术发展之速让人惊叹不已。不过，无论在技术上多么复杂、在发展上多么混乱，似乎有两条主线可循：一是视频技术的发展，二是音频技术的发展。从音频视频交错格式（AVI）出现开始，视频技术进入蓬勃发展时期。这个时期内的三次高潮主导者分别是 AVI、Stream（流格式）以及 MPEU。AVI 的出现无异于为计算机视频存储奠定了一个标准，而 Stream 使得网络传播视频成为非常轻松的事情，那么 MPEU 则是将计算机视频应用进行了最大化的普及。而音频技术的发展大致经历了两个阶段：一个是以单机为主的 WAV 和乐器数字接口（MIDI），另一个就是随后出现的形形色色的网络音乐压缩技术的发展。

从计算机喇叭到创新声卡，再到目前丰富的多媒体应用，多媒体正改变我们生活的方方面面。在个人电脑中的应用，有多媒体编辑、图形设计、动画制作、数字视频、数字音乐等。声音是多媒体的又一重要方面，它除了给多媒体带来令人惊奇的效果外，还最大限度地增强展示效果。与我们生活息息相关的有视频会议、超文本、家庭视听等。

多媒体的未来是激动人心的，我们生活中数字信息的数量在今后几十年中将急剧增加，质量上也将大大提高。多媒体正在以迅速的、意想不到的方式进入人们生活的多个方面，大的趋势是其各个方面都将朝着当今新技术综合的方向发展，其中包括大容量光碟存储器、国际互联网和交互电视。这个综合正是一场广泛革命的核心，它不仅影响信息的包装方式和我们运用这些信息的方式，而且将改变我们互相通信的方式。现在，多媒体正如我们新技术所展示的那样，正在成为便携个人多媒体。

任何一种新媒体出现并快速发展时，人们都会产生疑问：广播出现时就有人预言广播将取代报纸，电视诞生后又有人惊呼电视将埋葬广播，互联网的广泛应用会不会颠覆电视、报纸等传统媒体？

对于目前传统媒体的危机，传统媒体要想走出困境，就必须把广泛应用新媒体技术作为突破口。传统媒体可以在新技术的冲击下"改头换面"。未来的媒体应该是多种多样的，传统报纸可演变成电子报纸，模拟电视可演变成家庭数字电视、移动电视、手机电视等。人们可以从报纸上看到电视的痕迹，从电视中看到杂志的痕迹，而杂志也会反映出报纸和电视的痕迹等。这是当前技术层面的媒介融合的表征。

从广播电视媒体来看，这场新技术的风暴来得更猛烈。以数字技术、网络技术为主体的变革最先撞击了广播电视技术平台，波及广播电视节目的采编、制作、存储、传送、播出、发射、接收等各个环节。数字化、网络化不仅使整个广播电视节目制作与播出质量都有了显著改善，资源利用率大大提高，更重要的是使传统的广播电视媒体从形态、内容到服务方式都发生了革命性的改变，使广播电视成为顺应时代潮流，融合广播电视、计算机、通信等多种技术手段，为受众提供多功能、个性化服务的强大的新型媒体。

对于传统媒体来说，改变的是产品的形式。产品的核心是内容，不管时代如何发展，人们对于新闻信息的需求是不会变的。新技术改造下的传统媒体将获得强大的生命力，仍然可以成为未来传媒业的主角。

四、新媒体技术对传统媒体和新媒体发展的重要作用

（一）新传媒技术使传播艺术表现日益丰富

从传媒技术的发展来看，毫无疑问，对传播内容的表现力很大程度上包含在对传媒技术和工艺的掌握之中。可以说，任何一次艺术外在表现形式的创新和内在语言结构的演进，都是通过这种技术语言来实现的，并通过技术和工艺上的革新来实现。这一点对于广播电视媒体尤其明显。

（二）新传媒技术促进传播内容和表现形式的多元化

新传媒技术带来的媒体和受众的互动性、传播内容的即时性和传播平台的开放性，对传统媒体的功能进行了补充，带来了新的表现形式和节目形态。

（三）新传媒技术促进跨媒体整合为多媒介传播体

新传媒技术促进了传统媒体和新媒体跨媒体的整合，整合的结果既推动了技术的进一步发展，又实现了媒体资源的进一步优化组合，传播的效果改善，范围扩大。新技术如宽带技术、无线通信技术、P2P 技术等都已经显示出整合各种媒体的功能。如高端手机集网络、广播、电视与电话一体，集信息采集、发布、传送和接收一体。

第二节　数字电视

一、数字电视的界定

（一）数字电视的基本内涵

1. 数字电视的定义

数字电视是人们谈论较多的话题之一。由于数字电视是一种新鲜事物，一些相关报道及文章介绍中出现似是而非的概念，如"数码电视""全数字电视""全媒体电视""多媒体电视"等，使得大众感到困惑、茫然。其实，数字电视是数字电视系统的简称，是音频、视频和数据信号从信源编码、信道编码和调制、接收和处理等均采用数字技术的电视系统。

数字电视是指从节目摄制、编辑、存储、发射、传输到信号的接收、处理、显示等全过程完全数字化的电视系统。数字电视传输的图像及伴音信号是经过数字压缩和数字调制后形成 0 和 1 的数字电视信号，数字电视信号经过地面无线电波、有线电缆、卫星信号传送，由数字电视机接收后，通过数字解调和数字音频、视频解码处理还原成原来的图像和伴音。

数字电视与模拟电视相比，有下面的优点。

（1）信号处理与传输的质量决定于信源。因为数字设备只输出 1 和 0 两个电平，恢复时不究大小，因而信号稳定、抗干扰强，非常适合远距离的数字传输。模拟信号在传输过程中噪声逐步积累，而数字信号在传输过程中基本不产生新的噪声，信噪比基本不变。

（2）数字电视采用数据压缩技术，便于实现计算机网或互联网、电视网、电信网走向融合，构成一类多媒体通信系统，成为未来国家信息基础设施的重要组成部分。三网走向融合是大势所趋，也是充分实现真正意义上的信息资源共享、避免重复建设的关键所在。

（3）数字技术可以实现时分多路，充分利用信道容量，利用数字电视信号中的行、场消隐时间，实现文字多元化（容易实现数字变换，为图、文、声、数据并茂的综合业务数字网开拓了广阔的应用领域）。

（4）压缩后的数字电视信号经数字调制后，可进行多种形式的高质量广播。其服务区的观众将以极大概率实现"无差错接受"，收看到的电视声像质量非常接近演播室质量。数字电视还可实现高质量的移动接收。

（5）具有开放性和兼容性。通过机顶盒或电缆调制解调器可以实现模拟接收和回传信号，改变了模拟体制下国家电视标准委员会制式（NTSC）、帕尔制（PAL）、按顺序传送彩色与存储（SECAM）制电视节目不能交换的特性。

（6）可以合理地利用各种类型的频谱资源。数字电视可以启用模拟电视的"禁用频道"，而且在今后能够采用"单频率网络（SFN）"技术，例如一套电视节目仅占用同一个数字电视频道而覆盖全国。

（7）在同步转移模式（STM）的通信网络中，可实现多种业务的"动态组合"。例如，在数字高清晰度电视节目中经常会出现图像细节较少的时刻，这是由于压缩后的图像数据量较少，可插入其他业务（如电视节目指南、传真、电子游戏软件等），而不必插入大量没有意义的"填充比特"。

（8）很容易实现密码措施，即加密／解密和加干扰，便于专业应用（包括军用）以及数据广播业务的应用。特别是开展各类条件接收的收费业务，这是数字电视的重要增值点，也是数字电视得以快速滚动式发展的基础。

（9）具有可扩展性、可分级性和互操作性，便于在各类通信信道特别是异步转移模式（ATM）的网络中传播，也便于与计算机网络联通。

（10）改变人们接受电视的方式。如交互电视的产生为电视的应用开辟了新天地。交互电视／视频点播使人们在收看高清晰电视的同时可以享受到"电视导演或电视编辑"的乐趣，可以足不出户地收看高清晰电影（当然是付费的）。

（11）数字电视的出现还将极大地改变信息家电的市场结构。目前，模拟电视机除了产业结构不合理以外，重要的还是因其相对技术含量不高，导致在飞速发展的电子产品市场竞争中处于不利地位。而数字电视能够促进电视机扩大画面、提高分辨率及展宽屏面，并以全新型电视机的姿态提高销售价格。

2. 数字电视的技术标准

麦克卢汉有一个著名的观点就是：媒介即人的延伸。每次媒介的变革也会带来社会的革新。媒介技术论者英尼斯所关注的是：媒介技术一直是推动媒介形态演变甚至是社会演变的关键力量。数字电视作为由 IT 等数字技术的革新而引发的电视媒介的变革产物，技术在其发展中起着至关重要的作用。

数字电视技术最先出现在欧洲。从 20 世纪 80 年代开始，一些欧洲国家，如德国、法国、英国，都开始研究数字电视技术，并且诞生过 MAC1、MAC2、MAC3（模拟分量时分复用传输技术）三代数字卫星电视节目广播，当时数字技术已经很先进，它能够同时传播一路标准清晰度电视节目和多路伴音广播。与此同时，日本的数字电视技术也达到了很高的水平，日本是世界上第一个用 MUSE（多重压缩编码）技术进行高清电视节目广播的国家，但试播不到两年，由于新的数字技术不断出现，MUSE 技术相对已落后，日本不得不放弃自己的 MUSE 技术标准。

1982 年，新一代数字式电视机由美国的数字电视公司首先研制成功，这种电视机的结构主要由 5 块超大规模集成电路组成，元部件比模拟式电视机减少一半以上，因而使生产工艺极大地简化，生产成本降低。1995 年 9 月 15 日，美国正式通过 ATSC。ATSC 制信源编码采用 MPEU-2 视频压缩和 AC-3 音频压缩；信道编码采用 VSB 调制，提供了两种模式：地面广播模式（BVSB）和高数据率模式（16VSB）。

1996 年 4 月，法国第一个开始数字电视商业广播。全世界的数字电视广播迅猛发展，其中尤以 DVB-S 广播技术的应用发展最普及和迅猛。1998 年 11 月，美国开始使用数字电视广播，计划于 2006 年全面实现数字电视广播并全部收回模拟电视的 NTSC 频道。

1999 年 9 月，我国的数字电视广播 HDTV-T 在中央电视塔上广播试验成功，并宣布了我国数字电视广播三步走计划：第一步，2003 年起大力发展有线数字电视；第二步，2006 年起积极开展卫星直播业务；第三步，2008 年起全面开展地面数字电视。此后，我国的数字电视可以通过有线、卫星、无线三种方式实现全国的覆盖。2015 年我国将停止模拟电视的播出，全面实行广播电视的数字化。

2002 年 7 月，我国开始研制具有自主知识产权的 AVS 音视频压缩标准，以此取代 MPEU-2 图像压缩标准，并于 2003 年 7 月宣布基本取得成功。新的 AVS 音视频压缩标准技术性能比 MPEU-2 更优越。活动图像更清晰，图像压缩比更大，是 MPEU-2 图像压缩比的 2.4 倍，它与 MPEU-4 正在升级的版本 JVT 处同一技术水平，且互相兼容。2003 年 11 月 18 日，我国又宣布 EVD 技术标准制定成功，EVD 光盘图像信息量是原有 DVD 的 3 倍。EVD 技术标准综合了当时国际上最先进的 VP5VP6 技术优点，使我国的数字电视技术向国际先进国家行列跨进了一大步，并把之前的 DVD 技术远远地抛到了后面。

2003 年 12 月 30 日，负责我国数字电视标准研究的单位之一、清华大学信息技术研究院数字电视技术研究中心在深圳现场演示数字多媒体地面广播传输标准单频网技术获得成功，这表明中国数字电视地面传输标准与技术走在了世界前列。

（二）数字电视的分类

1. 按传输方式分

数字电视节目可以在不同的传播介质中，采用不同的技术传输到用户接收端。按传输数字电视信号的途径和方式等分类，数字电视广播主要有卫星数字电视、有线数字电视和地面数字电视三种系统。它们各有所长，各有针对性，齐头并进，共同发展，见表 2-1。

表 2-1　三种数字电视系统比较

项目	传输方式	传输特点	较为适用区域
有线数字电视	有线电视光纤和同轴电缆	双向化；接收质量高；铺网费用高	城市
地面数字电视	无线电波	双向化；可实现移动接收；信号会受影响	城乡接合部、交通干线区域、平原地区
卫星数字电视	地球同步卫星	单向传输；覆盖广，传接均简单高效；易受到建筑物、地形和天气的影响	农村等广阔边远区域

2. 按图像的清晰度分

按标准、图像格式和图像质量等不同，数字电视分为标准清晰度和高清晰度电视两种级别，因而数字电视不都是高清晰度电视。

标准清晰度电视是图像主观评价质量相当于现行模拟电视，并能传送声音的电视系统。我国采用的图像格式为 720×576，画面在水平和垂直方向分别由 720 个和 576 个有效像素组成的阵列构成。

高清晰度电视是图像清晰度在水平和垂直两个方向均近似为现有模拟电视图像清晰度的 2 倍，并能传送数字声音的电视系统。我国采用的图像格式为 1920×1080，画面在水平和垂直方向分别由 1920 个和 1080 个有效像素组成的阵列构成，图像宽高比为 16∶9。

3. 按数字电视信号是否加密分

按数字电视信号是否加扰和加密分，数字电视可以分为条件接收数字电视和面向公众的数字电视。

条件接收数字电视系统是指只有被授权的合法用户才能获得相应服务的

数字电视系统。条件接收系统能实现各项数字电视广播业务的授权管理和接收控制，是一项综合性系统。系统的发送端可按时间、频道或节目进行管理和控制。系统的接收端未经授权不能对加扰节目进行解扰，无法收看该节目。系统涉及多种技术：网络技术、加解密技术、数字编解码技术、数字复用技术、接收技术、智能卡技术以及用户管理、节目管理和收费管理等管理技术。

二、数字电视的发展

（一）外国数字电视的发展

数字电视拥有广阔的市场发展前景。纵观全球，各国都在大力发展数字电视及相关产业，并取得了很大进展。尤其是一些数字电视发展比较迅速的国家和地区，如美国、日本、欧洲等，其数字电视的发展模式、技术标准的选择对我国有一定的借鉴意义。

1. 美国数字电视

美国是一个注重高端技术发展并能迅速投入实际运用的国家，所以美国的数字电视发展处于世界领先行列。在技术领域，美国不仅完成了数字电视三大标准的制定工作，而且已经率先实现了商用播出。美国的数字电视从20 世纪 90 年代开始崭露端倪。1990 年，美国通用仪器公司（UI）开发出世界上第一套全数字高清晰度电视系统，美国数字电视产业化一发不可收拾。这期间，政府要求并鼓励每一个电视台用第二个频道播出数字节目。1996年 12 月，美国联邦通信委员会正式确定采用 ATSC 作为美国数字电视地面广播标准，该标准采用 8VSB 调制方式。1998 年是美国数字电视发展的转折年，这一年美国的数字电视用户突破 150 万，2001 年直抵 1370 万户。纵使在 2002 年，美国经济处于不景气状态，也没有妨碍美国的数字电视业务取得骄人业绩，用户呈几何态势增长，当时已经有 165 家电视台在 57 个城市中播出数字电视节目，覆盖了全国 65% 的电视用户。到 2003 年年底膨胀到 2150 万户。美国的数字电视已经得到了大面积的开发与推广。

原本有人认为美国的有线电视业的数字化阻碍了地面数字电视的发展进程，并据此断言美国普及数字电视进程的时间表很有可能向后推迟。不过，其主管部门为了加速有线的数字化进程，在 2002 年制订了更加灵活有效的数字电视转换计划。美国全国有线电视电信协会于 2002 年 4 月颁布了《关于向数字电视转换的白皮书》，详细论述了有线电视业全面数字化面临的现状与挑战。2002 年 8 月，美国联邦通信委员会为推进数字电视的发展，要求美国生产的所有电视机必须最迟在 2007 年 7 月之前装备收视数字电视节目的调谐器。随后，美国 10 家最大的有线电视经营商宣布，它们从 2003 年 1 月 1 日开始以数字电视信号向用户提供高清晰度电视节目。2003 年 9 月 10 日，美国联邦通信委员会以 5 ：0 的投票结果通过了可将数字电视信号直接接入电视机而不需要机顶盒和额外电缆的设备标准，用户只需要向电视机中插入一个由他们的有线电视服务商提供的安全卡即可收看到收费电视，这项技术的运用使数字电视的普及获得了更强劲的发展动力。2006 年，美国政府将全部停止 NTSC 模拟电视播放，收回现有 NTSC 占用的所有频道资源，改用数字节目频道进行电视输出。

2. 欧洲数字电视

欧洲的数字电视兴起比较早，无论从技术上还是用户规模上都处在稳定的成熟时期。以英、法、德为代表的西欧国家制定了欧洲地区统一的数字电视标准——DVB，并且为世界其他各国制定相关标准提供了依据和参考。早在1996年，西欧数字电视的卫星广播就已经开播，当时用户超过500万，并扩展至东欧。有线电视网络中数字电视的广播从1997年开始。

1998年11月，英国就开始了数字电视的地面播出，现在已经成为全球数字电视普及率最高的国家。2002年，就有近一半的英国家庭拥有数字电视，而当时欧洲数字电视的平均普及率只有四分之一。

除了英国，西班牙、荷兰、瑞典和法国等西欧国家也相继引入数字电视服务。由于欧洲数字电视提供商采取了有效的措施吸引观众接受数字电视，替用户承担了数字电视机顶盒的购置费，并且提供大量的付费节目供用户选择，其互动电视用户规模超过了美国。

不过，欧洲各部分之间在数字电视方面的发展也并不平衡。意大利和葡萄牙等南欧国家采取的是跳跃性发展的策略，直接选用宽带作为第一种互联网连接方式。

3. 日本数字电视

2003年12月1日，数字电视在日本正式开播。日本广播协会电视台（NHK）从东京时间12月1日上午11时起，在东京、大阪和名古屋三城市部分地区开始播放地面波数字电视节目。从纯粹物理覆盖意义上讲，当时日本数字电视潜在用户大约有1200万个家庭，但据行业专家称，实际电视观众可能在 30 万人左右。但是这并不妨碍日本政府以及民众的高涨热情。日本的数字电视开发与推广得到了政府的极大关注与支持。日本政府也明确表示，希望通过数字电视的开发和推广刺激疲软的国家经济的复苏。

日本的数字电视研究与开发进展保持快速发展势头，除了政府的积极支持与推动，还在于日本电视业界对本国数字电视技术发展的准确定位。2000年，日本相关技术人员就通过反复试验制定了符合本国国情的 ISDB 数字电视标准，使得日本的数字电视有了明确的技术指标以及发展方向。同时，日本电视业界善于借助特殊事件进行宣传造势，让广大观众乐于接受数字电视这一新兴技术。2002 年 6 月韩日世界杯足球赛期间，日本电视业界人士投球迷所好，凭借数字技术所造就的高质量电视画面，让球迷更为清晰、真切地体验足球运动的瞬间精彩以及动感气息，由此充分带动了日本广播电视卫星数字电视产品的市场需求。为了迎合消费者的需求，日本多家电视机生产商相继推出了各自的 BS 数字电视新产品。

日本数字电视发展的一大特点是全国各个运营商所采取的条件接收系统（CA）都是统一的，从而给一体机的生产创造了条件。这使得当时与中国数字化时间差不多的日本凭借一体机的发展一步就跨入了高清时代。2008年，日本数字电视一体机用户已超过 1100 万，数字电视一体机占到了全部电视机出货数量的 77%。

（二）我国数字电视的发展

我国数字电视的发展，大致经历了三个主要阶段。

1. 第一阶段（1992—2003）：准备阶段。我国数字电视从 1992 年开始就已在国家正式立项，并由国务院成立了相应的领导小组。到 1999 年，我国成功地使用高清晰度电视技术对国庆庆典活动进行了实况传播。2001 年 4 月 28 日，苏州有线数字电视正式推出，这也成为我国第一个投入市场运营的有线数字电视。2002 年，中国数字电视产业化开始启动，当年全国有超过 40 个城市开始了试行和正式运营，并于 11 月出台了一系列节目政策和产业政策，批准数字付费电视 103 套、数字付费广播 16 套、5 个面向全国的数字付费节目集成运营商，为我国数字电视产业化建立了基本框架。这十多年间，中国的数字电视由一片空白到进入商业运营的尝试，为数字电视的产业化发展奠定了基础。

2. 第二阶段（2004—2006）：启动和发展阶段。在这个阶段，我国主要城市的有线数字电视产业化开始进入大刀阔斧的扩张期，数字电视用户开始增加。在中国主要城市中，数字机顶盒开始大规模进入家庭。

数字电视经过十多年的铺垫，到 2004 年，全国数字电视用户仅发展到 120 万户，远远没有达到预期水平。我国政府政策的明确化，为数字电视产业的推进产生了巨大的助力。2003 年 5 月，广电总局提出按照东部、中部、西部的不同区域分阶段实现向数字化过渡，到 2015 年完成模拟向数字的过渡。通过机顶盒的免费配送等手段，有线数字进入实质性整体推广阶段。

3. 第三阶段（2007 年至今）：这一阶段数字电视的前期投入和平台构建已基本成熟，开始将重点转入产业链的构建和赢利模式的探索阶段。2007 年全国数字电视产业从全面启动阶段过渡到快速发展阶段。2008 年是中国数字电视产业全面发展的一年，中国有线电视数字化整体转换的城市已经超过

100 个，其中有 33 个大中城市已经完成了全市有线电视用户的数字化整体转换。2022 年 8 月 17 日，以"大屏新生态，智慧新生活"为主题的第十四届中国数字电视盛典在深圳 2022 中国电子信息博览会期间成功召开。本届盛典由中国电子视像行业协会主办，中电信息、中彩联、洛图科技协办。

在这一阶段，运营商把视角逐渐从"政绩"转向"业绩"，企业的资源将从原有传统业务转向增值业务，开始真正进入产业赢利模式的深入探索与推进。

第三节 互动电视

长期以来广播电视是单向广播式的，人们只能被动接受电视台所播放的节目。广播电视与计算机和通信业互相汇聚融合，出现了互动电视的概念。互动产生的首要条件是在传播者与接收者之间形成一个信息流动的回路。这种互动的关系不仅是交流沟通的关系，而且是一种更为及时的反馈。它尽可能多地让受众参与到节目中间，并使受众获得内容主权，以便对电视节目产生影响作用。互动电视作为一种新兴的电视娱乐和信息服务形式，是一个上佳的媒体传播个性化需求的范例。

一、互动电视概况

（一）互动电视的概念

互动电视又称交互电视，是一种交互型的数字媒体调用服务。所谓的互动电视，从技术上讲，是将网络模块和应用软件与电视机芯融为一体，通过电话线或宽带实现网上浏览，是集宽带或电话线上网、大屏幕电视显示和数码电视三位一体的家用高亮度、高清晰度显示器。从应用上讲，是一种以数字电视为技术平台的电视形态，它可以在传输数字节目的同时将与节目相关的信息（数据、图形等）传递给观众，并给观众提供更多收视选择，同时能够借助回传通道让观众通过数字键盘或遥控器回馈信息。

互动电视系统主要由前端处理系统、传输网络和用户终端构成。前端处理系统提供充分的信息源和管理信息，主要包括视频服务器、内容管理服务器和用户请求／记账服务器。传播网络一般由主干网和接入网组成一个宽带交互网络，包括与交换、传输有关的各种网络和电信设备。随着互动电视应用的发展，互动电视已经突破了原来的主要通过有线电视网作为传输平台，目前主要的传输方式有卫星、有线电视网络、地面和宽带网络传输。用户终端设备可以是电视机、个人计算机或移动数字设备，实现信息的交互。以家用电视机的基础发展成互动电视终端，通常采用附加机顶盒的方法，除具有常规电视频道选择、加密频道解密等功能外，还具有点播等控制功能、计费显示、遥控操作能力等，具有数字解调器、解码器功能以及数据通信接口等。

互动电视的主要实现方式有以下几种。

1. 在线互动将互动内容在线上轮播，拿频道带宽换取用户进入的时间，让用户等待时间不超过轮播一个周期的时间。主要应用包括股票资讯、网站浏览、准视频点播系统（NVOD）等大众内容传播业务。优点是不受用户数限制，系统造价低，缺点是频道资源利用低，内容数量受频道限制较大，互动功能弱。

2.中央互动通过交互网络与播出中心的直接连接实现各种互动，是互动的最高境界。优点是功能最全面，缺点是使用成本高，用户数受交互网络带宽限制。

3.分布互动以集中管理、分散播出的方式通过紧靠观众的分布式播出中心实现各种互动。优点是网络资源利用率高，互动性能好，缺点是系统成本相对较高，管理系统较复杂。

（二）互动电视的主要功能

1.观众和内容的互动

互动电视最大的贡献是将收视的主控权真正交给观众，其形式包括以下几种。

（1）视频点播。传统的电视广播的播出权在播出者手中，互动电视的点播技术把主动权交到了接收者手中，从内容上、时间上让观众自主。

（2）互动节目指引。这是最经典也是前景最大的互动应用。互动电视节目指引的应用，不是简简单单地给用户提供一点查询节目的方便，而是从根本上改变了电视的收视模式。一个好的互动型的节目指引，让用户根据自己的内容喜好、电视名称以及个人爱好去寻找节目。这就不单单是节目表的作用，更有着互联网搜索引擎式作用，可助互动电视腾飞。

（3）数字化的节目录播。互动电视有了节目指引，可以把节目的指引和个人节目存储绑在一起，根据个人爱好通过节目指引进行个人节目存储。数字电视专有的"时移技术"还可以边录边看，完全不受节目播出时间的限制。

2. 媒体内容与媒体内容的互动

这主要体现在多媒体节目及其跨媒体互动上。多媒体内容采用数字电视广播后，在电视屏幕上不单单看到视频节目，还可以看到文本内容，大大丰富了电视的表达方式。而跨媒体就又进一步，跨媒体的内容制作变成超链接的内容，超链接的概念实际上就是把互联网的概念拿过来，通过电视机达到互联网的效果，内容与内容互动可以形成全新的、更丰富的表达方式。

3. 播出与接收的互动

互动电视所带来的全新商业模式，就是运营商和用户之间的关系的变化。传统的运营商是我播你收，播出只能面对大众，不能面对个人。互动电视诞生以后，由于观众对内容的互动、内容对内容的互动以后，将使广播演变成一种个性化的推播，根据个人的习惯来推动节目的传播。这样既符合现代社会个性化的潮流，又能够有效利用公共的媒介工具以最低的成本达到与联网相同的效果。

（三）互动电视的发展状况

伴随着数字电视的飞速发展，巨大的市场前景也为互动电视的迅速发展提供了市场基础，互动电视在世界范围内获得了巨大的发展。20世纪90年代，欧美发达国家的著名企业和传媒集团就已经积极地投入互动电视的研发和推广。它们视互动电视为未来电视传播的发展趋势，一心要以新技术攻占"客厅"市场，不致因为进入网络时代而使单向传播的电视形态失去魅力和市场。

互动电视将使广播电视迈进一个新的时代。1997年，欧洲率先开播互动电视，1999年，当今最具声望的国际电视评奖活动"艾美奖"新增了互动电视艾美奖，这一奖项的设立非常重要，它象征电视实现了从传统媒体到数字新媒体的完美转化。

从世界范围来看，互动电视早已经在欧洲、美洲、亚洲等全球多个传媒发达地区进入实用阶段，其中以欧洲最为流行。

我国继2001年九运会开始互动电视转播以后，上海于2002年10月正式推出了一套互动电视服务，启动了中国首个互动电视的大规模应用。伴随着各地有线电视数字化整体转换工作的不断推进，越来越多的中国家庭逐步进入"互动电视"的时代。

二、网络电视

网络电视是以宽带网络为载体，以视音频多媒体为形式，以互动个性化为特性，为所有宽带终端用户提供全方位有偿服务的业务。网络电视是在数字化和网络化背景下产生并运用互联网技术与电视技术结合的产物，在整合电视与网络两大传播媒介过程中，网络电视既保留了电视形象直观、生动灵活的表现特点，又具有了互联网按需获取的交互特征，是综合两种传播媒介的优势而产生的一种新型传播形式。网络电视的出现带来了一种全新的电视观看方法，它改变了以往被动的电视观看模式，实现了电视按需观看，即看即停。

这里讲的网络电视，是指IPTV，即交互式网络电视。IPTV服务内容具有很灵活的交互特性，因为具有 IP 网的对称交互先天优势，其节目在网内可采用广播、组播和单播等多种发布形式。可以非常灵活地实现电子菜单、点播、节目预约、实时快进、快退、终端账号及计费管理、节目编排等多种功能。另外，基于互联网的其他内容服务也可以展开，如网络游戏、电子邮件、电子理财等。

人们大致上可以通过两种方式来享受 IPTV：一是通过上网的个人计算机，二是通过网络机顶盒加普通电视机。通过个人计算机收看网络电视是当前网络电视收视的主要方式，已经商业化运营的系统基本上属于此类，基于计算机平台的系统解决方案和产品已经比较成熟并逐步形成了部分产业标准，各厂商的产品和解决方案有较好的互通性和替代性。基于电视机顶盒平台的网络电视以 IP 机顶盒为上网设备，利用电视作为显示终端，国内的数字有线电视网络和电信网络为广大用户提供 IPTV 服务。

第四节　移动电视

一、手机多媒体

（一）从移动电话到个人移动多媒体

从 1876 年贝尔发明电话以来，经历了长达一个多世纪的发展，电话通信服务已走进了千家万户，成为国家经济建设、社会生活和人们交流信息所不可缺少的重要工具。在最近 20 年来，电话技术和业务发生了巨大变化，通信的地点由固定方式转向移动方式。

移动通信的迅猛发展，使现代生活节奏越来越快，移动通信产品的更新换代和市场争夺战也愈演愈烈。

数字化带给移动通信网的显著变化是网络信息传输量明显增大。原本只能支持几道模拟信号的带宽用在数字网络上可以支撑数十道的数字信号，并且传输质量更好。由于"容量"相对增加，移动通信网能够负担的功能越来越多，比如，用户可以用手机进行电子支付和查账等。

语音服务不再是移动通信网的唯一功能，与此同时手机的媒体功能占据着越来越重要的地位，因此以往指代移动通信终端的"移动电话"概念就越来越显得力不从心了。个人移动多媒体就是移动通信终端的新身份。这一概念囊括了新一代个人通信设备的所有特质：个人化、便携化、网络化和多媒体化。它不再是有线电话的延伸，而是与互联网结合的新媒体。

移动通信领域的数字化带来了手机的多种可能，功能与内容的多样化刺激了用户需求的多样化，而在所有的可能性中，手机将逐步向它的新身份——"个人移动多媒体"发生转移。判断这一发展趋势对移动通信产业的未来至关重要，它将引领我们对当前的选择做出评估，及时修正偏差以适应已经浮现的新需要。

（二）手机多媒体的业务形式

1. 手机彩信 MMS。中文译为多媒体信息服务，也称"彩信"。彩信的最大特色就是支持多媒体功能，能够传递全面的内容和信息，包括文字、图像、声音、数据等各种多媒体格式的信息。彩信在技术上来说是在 UPRS 网络的支持下以 WAP 无线应用协议为载体传送图片、声音和文字等信息。彩信业务可实现即时的手机终端到终端、手机终端到互联网或互联网到手机终端的多媒体信息传送。

2. 手机报纸 / 杂志。是新移动增值业务与传统媒体的结晶。也就是将纸媒介或网络媒介的新闻内容通过无线技术平台以文字、图片、动画、音频等形式发送到用户的手机等移动终端上。它最大的特点就是用户能随时、随地、随身地打开手机就可以阅读到新闻信息。手机报纸不仅可以给用户发送他所需要的新闻，更可以达到跟踪、报料收集、读者调查、评报等多方面的功能，为读者和报社提供更多、更方便的服务，实现更广泛、更迅速的互动。但是手机报纸也存在着信息容量小、阅读费力疲劳、资费偏高、信息同质化、缺乏阅读习惯等缺陷。

手机杂志是一种电子杂志，它通过数码图书、音频、视频等多媒体电子手段将传统杂志的文本内容"数字化"，以提供给手机用户尽心下载或在线阅读。手机杂志集图文并茂的多媒体阅读和海量内容、快捷下载的良好体验于一身，能够充分满足移动互联主流用户群不断提升的阅读需求。手机杂志最大的特点就是表现形式丰富，它集文字、图片、FLASH 动画、音频、视频甚至 3D 特效于一身，方便阅读，可在线或离线阅读，直接通过 IE 打开或者独立执行文件。

3. 手机游戏。顾名思义，是指运行在手机终端的电子游戏。1996 年，第一款能够在手机上运行的电子游戏在芬兰诞生，自此拉开了手机游戏的序幕。手机游戏在我国的发展已有四年时间，与日韩相比，我国手机游戏的发展虽然整体呈上升趋势，但是发展势头略显不足。中国有着近 6 亿的手机用户，即使只有 10% 的用户每月下载一款手机游戏，也足以形成一个规模庞大的产业。但是仅有不足 1% 的用户下载过手机游戏，这使得我国这块被无数人看好的市场并没有达到和人们预期相吻合的水平。

手机游戏仅仅是电信移动数据增值业务中的一项业务，但伴随着电信数据业务的开展，手机游戏业务会成为重要应用领域。有需求就有市场，与 PC 游戏不同，手机游戏摆脱了线缆的束缚，具有随时、随地、随身的特点，更适合人们在移动中休闲和娱乐。显然，手机游戏产业的能量将不亚于目前电脑网络游戏产业。

（4）手机广告。各种多媒体形式逐渐充分体现在手机上，这将给广告主更大的发挥空间。手机媒体成为普通人在日常生活中获得信息的重要手段。

手机广告指的是通过移动媒体传播的付费信息，旨在通过这些商业信息影响受传者的态度、意图和行为。移动广告实际上就是一种互动式的网络广告，它由移动通信网承载，具有网络媒体的一切特征，同时比互联网更具优势，因为移动性使用户能够随时随地接受信息。随着移动通信技术的发展，移动衍生出的服务模式进入推陈出新的更迭阶段。借助被称为"第五媒体"的手机，"手机广告"一词开始频繁曝光。

手机广告的特点是具有更好的互动性和可跟踪性，可以针对分众目标提供特定地理区域的直接的、个性化的广告定向发布，可通过手机短信、彩信、WAP、声讯等多种手机增值服务平台来实现，发布效果可以通过互动的量化跟踪和统计得到评估。手机广告可以利用手机用户数据库，对目标对象进行分众，定向地发送广告，同时利用手机的互动性判断量化广告的有效到达率。

如果只是局限于把传统互联网的广告模式搬到手机互联网上，那将大大限制我们的想象力。与坐在椅子上用电脑上网不同的是，手机上网时往往是处在时间间隙和移动的状态中，用户比使用传统的桌面网络时更加缺乏耐心。而因为使用键盘的不便，也更迫切地需要便捷地找到信息。手机网络广告即应该针对用户的使用习惯做设计。也就是说，对手机用户提供了多种类、但是每个种类少量的内容推送。对于 WAP 广告或别的形式的手机网站广告来说，一个大问题是手机屏幕太小，广告位过于稀缺，像传统互联网一样大卖广告是不可能的。要解决这个问题，手机网站广告应该是发展动态广告位，即在页面的下方加入类似某些新闻网站的滚动新闻模式（跑马灯）的广告，以此来放入多条广告信息。

（5）手机电视。手机电视就是利用具有操作系统和流媒体视频功能的智能手机接收和观看电视节目。

手机电视节目内容的传输主要包括两个过程：一是节目内容通过下行传输网络到达手机，用户通过手机内的播放软件实现电视节目的收看；二是用户信息的上行回传，即当用户点播节目时，信号要通过上行传输网络进行回传。目前，全球存在着三种手机电视的实现方式与多种技术标准，并且大多数的国家与地区采用非单一制的技术标准。

手机电视的特点可以归纳为三点：一是移动性，现代人可以不带电脑出门，但是一定会随身带着手机，看电视不再局限于家中的电视机，在时间上也更加自由，且能更多地使用于工作、活动的间隙时间，比如在乘坐公交车和地铁时观看；二是个人化，手机终端的移动性决定了播放内容必须是更加个性化，灵活性、参与性强，片段式的节目将更适合于手机电视环境下播放；三是互动性，手机点对点的传播方式便于受众对节目的及时反馈和参与，也便于受众之间的交流，从长远来看，手机电视将可能最终导致全面交互节目形态的诞生。

从 2003 年开始，随着移动数据业务的普及、手机性能的提高以及数字电视技术和网络的迅速发展，韩国、日本、英国、美国等世界各国的主要运营商纷纷推出手机电视业务，引起了人们的广泛关注。在我国，2005 年 3 月以来，中国移动和中国联通也相继推出了手机电视业务。移动运营商们不仅把手机电视业务视为移动数据业务新的增长点，而且将其视为主打业务。

作为一个产业融合产生的业务，手机电视业务的发展需要终端和设备厂商、内容提供商、广播电视网络运营商以及管制机构的支持。任何一个环节出现问题，手机电视业务都会受到影响。

移动运营商是整个产业链的主要推动者之一。手机电视业务与移动运营商的其他增值业务有很多共同点。移动运营商拥有丰富的移动增值业务推广经验，而且移动运营商拥有客户资源、网络运营能力、营销力量和计费系统，移动运营商对发展手机电视业务最为积极。

内容提供商在产业链中负责电视节目的策划、编排、制作等，是手机电视节目合法化的关键环节。广播电视行业竞争激烈，广播电视企业也非常希望实现转型，希望摆脱这种主要依靠广告收入为主的赢利模式，开创新的增值业务来扩大收入来源。一些广播电视企业对发展手机电视业务积极性很高。

电视运营商在传统电视行业中积累了大量的节目制作经验，是手机电视行业最主要的内容提供商。

尽管手机电视在技术的成熟性、内容开发整合、资费标准等方面存在各种发展上的瓶颈，但是手机电视的快速发展将是大势所趋。随着信息技术的进步（特别是平台的搭建），以及相关管理体制的突破，手机电视有望再迎来快速发展的阶段。

二、车载移动电视

（一）车载移动电视概述

移动电视又称数字电视地面广播，是指采用数字广播技术（主要是指地面传输技术）播出，接收终端具有移动性，能够满足移动人群的收视需求的电视系统。移动电视是数字电视的一种，与地面无线数字电视密切相关。地面无线数字电视的优势在于可实现移动和便携接收，其本质是地面无线数据的传输。因此，经过简单的改进和便携式接收终端的配套，就可以实现手机电视和其他移动增值业务。

移动数字电视最早出现在公交车上。早在 2001 年 2 月 14 日，新加坡巴士服务公司的巴士上进行了世界首次移动电视节目的播出，新加坡也成为世界第一个建成全岛 DVB-T 信号单频网的国家。上海是我国首个、全球第二个普及移动电视的城市，上海公交移动数字电视于 2002 年 5 月 28 日正式开播，在覆盖市内大部分公交车的基础上正逐步向出租车、楼宇以及轨道交通、轮渡、银行、医院、连锁餐厅等扩展，构筑了移动电视平台。广告收入为移动电视收入的主要来源，效益可观。移动电视在上海成功运营后，我国的多个省市也纷纷开始启动，陆续在公交车上开始播放移动电视。

作为一种新兴媒体，车载移动电视的发展迅速是人们始料未及的，车载公交移动电视的终端数量由 2005 年的 1.81 万台迅速发展到 2009 年的 18.17 万台，而车载地铁移动电视的播放终端也超过万台。

车载移动电视新媒体迅速兴起的原因之一在于巨大的需求。人群流动，是城市生活的主语。车载移动电视新媒体的诞生，也来自流动。正是因为流动，使得受众越来越难以抓住，而且，在人群的流动中，依托于交通的流动是城市变迁的主语，其中公共交通又是人群流动的主要支点。因而，车载移动电视的出现正好是抓住了公共交通和人群流动的一个结合点，使得公共交通上存在的资讯真空成为车载移动电视新媒体兴起的驱动力。如果观察公交车上的形态，我们就会发现，发短信、看报纸、看站名、打电话等成为公交车上的常见场景，这说明人们在公交车上有着资讯的需求，而且公共交通上存在资讯的真空。这给车载移动电视新媒体带来了潜在的机会，移动电视有内容可以吸引这些受众的主动关注，从而衍生出广告价值。而且，只要有效引导，这种价值不仅停留在商业领域，而且可以体现出更大的社会意义，比如一些重大新闻信息的及时播报，都快速及时、全方位、多角度地传递给出行人群，弥补传统媒体收视时间和空间上的不足。

当技术发展到一定程度时，其厚积薄发的力量可能会超乎我们的想象，就像互联网，通过与搜索引擎技术、即时通信技术和网上支付技术的融合发展，已经完全改变了人们的生活方式。车载移动电视之所以得到比较大的发展，也正是得益于数字和视频技术的快速发展。作为可在移动状态中收看数字电视的车载移动电视新媒体，其媒体内容通过数字技术进行压缩、编码、传输、存储，实时发送、广播。

（二）车载移动电视的现有问题和前景展望

车载移动电视在快速发展中，也存在各个方面的问题。在技术层面上，车载移动电视面临着防止行车震动等许多技术手段问题。由于移动电视装置是在城市的高楼大厦之间快速移动，移动电视的接收条件也有待完善，在车辆行驶过程中电视画面会不时出现马赛克、声音不对位等问题。在内容层面上，车载移动电视的收视人群流动性大，观看节目时间比较短，注意力也容易分散，这就决定了移动电视播出的节目在内容和编排方式都与传统电视有较大的不同。在运营层面上，由于在公交、地铁上播放移动电视需要频道牌照，所以车载移动电视基本被垄断。发展车载移动电视最好的方法就是在政府主导下，广电部门、交通运输部门以及投资等多家单位通力合作，实现资源共享。在受众层面上，主要是收视环境不理想和收视心理差。公交车、出租车、地铁等交通工具的环境一般是声响嘈杂、人群拥挤、收视环境不理想。乘客还要随时应对在移动中发生的各种情况，所以注意力很难集中。

虽然车载移动电视面临着许多问题，但随着技术的进步、成本的降低、产业链的完善、应用上的适度融合、新的商业模式的开发，车载移动电视的应用领域和传播渠道在未来的几年内将进一步扩大，车载移动电视市场规模将持续升温，步入繁荣发展。

车载移动电视与传统媒体强强联合将是一种最佳选择。这样可使各自媒体的优势得到充分发挥，达到资讯利用最大化，实现新媒体与传统媒体共同发展、共同扩张的道路。在现有政策下，民营移动电视运营商的发展壮大都不可能绕开城市广电系统和公交系统，三者的合作模式通常为：运营商负责视频终端提供、技术维护、部分传播内容的制作以及广告开拓和管理等；当地的广电系统仅负责提供传输通路、部分传播内容，并负责节目的最终审查和批准；公交系统则主要提供现有的汽车资源，或向运营商收取运营费，或令后者提供一定的新系统服务，如安全监测系统或公交智能调节系统。

第五节　新媒体技术与广播媒体新形态

传统广播具有对象广泛、传播迅速、功能多样、感染力强等优势。然而一瞬即逝、顺序收听、不能选择等弊端也限制了广播媒体在当代社会的发展。随着科技水平的逐步提高，人们将数字技术引入广播的各个层面，极大地改变了广播传媒的内涵和外延。在新媒体技术的催生下，如数字广播、网络广播、手机广播等新广播形态进入了人们的生活。

一、数字广播

数字广播是指将数字化了的音频信号、视频信号以及各种数据信号，在数字状态下进行各种编码、调制、传递等处理。同时，数字广播也是一项有别于人们传统所熟知 AM、FM 的广播技术，它通过地面发射站，以发射数字信号来达到广播以及数据资讯传输的目的。随着技术的发展，除了传统意义上仅传输音频信号外，数字广播还可以传送包括音频、视频、数据、文字、图形等在内的多媒体信号。就世界范围看，数字广播已经进入了数字多媒体广播的时代，受众通过手机、电脑、便携式接收终端、车载接收终端等多种接收装置，就可以收看到丰富多彩的数字多媒体节目。目前国际上几种发展较为成熟数字广播分别为数字声音广播（DAB）、数字多媒体广播（DMB）、数字卫星声音广播（DSB）和数字调幅广播（DRM）。

（一）数字声音广播（DAB）

数字声音广播，是以数字技术为基础，采用先进的音频数字编码数据压缩、纠错编码以及数字调制技术，对广播信号进行系列数字化的广播。数字广播具有抗噪声、抗干扰、抗电波传播衰落、适合高速移动接收等优点。它提供CD级的立体声音质量，信号几乎零失真，特别适合播出"古典音乐""交响音乐""流行音乐"等，受到专业音乐人、音乐发烧友和音响发烧友的大力追捧。而且数字声音广播不受多重路径干扰，以保证固定携带及移动接收的高品质声音效果。

当前，国际上共有三种DAB系统。

1. 欧洲的尤里卡147-DAB制式

1988年9月，欧共体在世界无线电行政大会上首次进行了尤里卡147-DAB的试验，质量可以与CD音质相同。尤里卡147-DAB制式已于1995年标准化，它是一种典型的DAB系统，除了欧洲外，在世界上其他一些国家和地区都得到一定的发展。

2. 美国的带内同频（IBOC）DAB 制式

这种制式的优点在于，在现有 AM 和 FM 发射设备的基础上，增加少量设备和少量投资，就可实现数字音频信号与原有的模拟广播信号的同一频道发射。这样一方面保留了原有的模拟系统，另一方面不需要为 DAB 业务准备新的频率规划，达到了频率复用的目的，节省了频率资源。

3. 日本的单套节目 DAB 方案

日本的 DAB 是在地面数字电视 DTV 的基础上发展起来的。该方案最大的意义在于，可根据广播信息的容量灵活确定系统带宽，占用频带较窄，节省频带资源。

（二）数字多媒体广播（DMB）

数字多媒体广播，是在数字音频广播 DAB 基础上发展起来的面向未来的新一代广播系统。与 DAB 广播不同的是，DMB 广播不再是单纯的声音广播，而是一种能同时传送多套节目、数据业务和活动图像节目的广播。它充分利用了 DAB 数字音频广播技术优势，在功能上将传输单一的音频信号扩展为可传输数据文字、图形、电视等多种载体信息的信号。在发送高质量声音节目的同时，还可提供影视娱乐节目、智能交通导航、电子报纸杂志、金融股市信息、互联网信息、城市综合信息等可视数据业务，被广泛应用在公交车、出租车、轻轨、地铁、火车轮渡、机场、家庭、办公室等场所。DMB 广播最突出的优势在于可实现高质量的数据传输（DVD 质量的视频、CD 质量的音频）。这是因为它将信号在数字状态下进行各种编码、调制、传递等处理，不仅可以方便地进行各种数值运算及各种逻辑编码运算，而且由于数字信号只有"1"和"0"两种状态，所以类似噪声、非线性失真等干扰均不能改变其数字信号的品质。另外，作为数字广播的一个类别，DMB还有很高的功率效率（发射功率降低很多，节约能源、降低DMB建台费用）、频谱效率（比如一个电视频道8MHz带宽里，可安排24套节目）等优点。

（三）数字调幅广播（DRM）

数字调幅广播始于20世纪20年代，其工作频段为150kHz-30MHz，因此调幅广播又称为30MHz以下的广播方式。2003年6月16日，世界DRM组织在日内瓦宣布了DRM标准。

将数字化技术引入调幅广播，极大地解决了调幅广播固有的抗干扰能力差、音质一般的缺点。因而，越来越多的广播电台、广播网络运营商、广播产品制造商启动了自己的DRM实施计划。2003年11月，我国广东省广播电视技术中心与美国哈里斯公司共同进行DRM数字中波广播首次实验，并获得成功。随着全世界统一的30MHz以下的调幅波段的数字广播标准的开发，不久的将来，任何一个DRM接收机在世界各地都可以正常工作，都能获得高质量的音频和数据信息服务。

（四）数字卫星声音广播（DSB）

数字卫星声音广播，指用卫星来传送DAB数字声音广播。20世纪末，经国际电信联盟认可的世广卫星集团推出的卫星数字音频广播系统已登场亮相。这套系统由亚洲之星、非洲之星和美洲之星三颗地球同步卫星、广播上行站、数字接收机及地面控制运营网组成。它向全球直接播放数字音频广播，覆盖面已经超过120个国家。它不仅在音频广播领域独具魅力，而且给多媒体广播带来广播、娱乐及信息传播领域的一场革命。

与传统广播相比，DSB 不仅音质纯净、覆盖面积更大，更特别的是它可根据播出广播节目音质的需要从最经济的角度来选择播出带宽，其节目带宽选择和编排可轻而易举地完成。如一般的声讯播出，可选择 16kb/s 乃至 8kb/s；CD 盘音乐节目播出，可选择 128kb/s。

二、网络广播

在全球数字化、网络化、信息化的背景下，广播事业的生存与发展将面临新的机遇和挑战。正因为如此，近年来广播电视媒体在互联网上建立大量 Web 站点，并将自身拥有的音频视频信息资源优势与网络传播的优势结合起来，以新技术和新手段扩大传播领域和范围，争夺受众市场。网络广播，亦有人称其为"在线广播"，是指数字化的音频视频信息通过互联网传播的新媒体形态。它是网络传播多媒体形态的重要体现，亦是广播媒体网上发展的重要体现。

从技术上说，网络广播是一种流媒体。流，也叫"流式"或"串流"，是指一种传输数据和信息的方式。采用这种方式，数据能够用稳定的速率从发送端传输至接收端，而接收端可以在发送端还没有完全传输完毕之前即可开始处理这些数据和信息，这特别适合于实现网络广播。因为因特网的带宽有限，传输数据较慢，特别是对广大的拨号用户而言，若要将一个小时的声音文件从网上下载到本地计算机上，需要花费的时间可能远远超出一个小时。采用流式技术传输数据，可以让计算机一边接收，一边处理，节约时间和储存空间。因此，人们把网络上传送播放的音频、视频节目和多媒体文件形象地称为"流式数据"，把通过网络传输的音频、视频或多媒体文件称为流式媒体文件，简称为流媒体。与传统的下载方式相比，流媒体具有明显的优势。第一，它不需要将全部文件数据下载，大大缩短了用户的等待时间；第二，由于流文件往往小于原始文件的数据量，而且用户不必将全部流文件下载到电脑硬盘，从而节省了大量的磁盘空间。

以流媒体为传播形式，网络广播的运作方式是：传播者通过在网站上建立广播服务器，在服务器上储存音频节目，运行节目播送软件；受众通过自己的计算机连接这些站点，借助相应的接收软件，收听、收看、阅读广播信息。因此，网络广播的播出不需要占用卫星频段和频率资源，但其播出效果要受到网络带宽的影响。由于数字化信息排列的无序性，网上广播节目具有无限次的复制与组合功能，从而彻底消除了广播媒体在时间上的强制性，使受众真正实现非线性收听。

20世纪90年代中期以来，数字技术、多媒体技术、网络技术的迅速发展，为音频视频信息网上传播提供了保证及支持。流媒体技术是在实时播放系统中应用最多最成熟的技术。美国某公司于1995年率先开发出 RealAudio/video streaming 技术，其产品 Real SystemG2 为基础的网上广播系统，由三部分组成：Real Server（服务器端广播软件）、Real Producer（服务器端编码压缩软件）和 Real Player（客户端接收播放软件）。Real Producer 负责将已有的音频和视频文件或者现场的音频和视频信号转换成 Real 格式，一般利用视音频捕捉卡，将所采集到的信号转换成 RM 为扩展名的流媒体文件，同时 Real 系统允许制作出不同比率的多媒体文件，最低为 65kbps，最高为 1Mbps，分别用于不同的带宽及用户。早期的 Producer 版本可将 avi、mov、wav 格式的文件转换成 Real 格式的文件，现在 Real SystemG2 Producer 在原有基础上增强了许多功能，使比较流行的 quicktime、mpeg1、mpeg2、mp3 等格式文件也能压缩转换成 Real 流媒体文件在网上交流使用。Real Server 负责广播 Real 格式的音频或视频。在 Real SystemG2 系统中为网上现场直播使用了一种新的技术支持，能让 Real Server 和 Real Player 动态地根据网络带宽进行沟通并调整。在信号源方面，Real Producer 可以将声音或图像数据按照几种压缩比率进行编码，并对 Real Server 和 Real Player 按合适的数据压缩比率进行传输。在一个 Real SystemG2 系统中，编码软件 Real Producer 生成多种带宽的数据流，当一个接收进程 Real PlayerG2 连接一个能提供可调带宽内容的服务器 Real Server 时，Real Server 会自动侦测该 Real Player 的连接速度，并按该速度提供相应匹配的最好的数据流。当该 Real Player 的网络连接出现数据包丢失现象时，Real Server 就会转向传递更低带宽的数据流。这虽然会导致音质的下降，但消除了抖动、发嘶、重新连接等现象。当该 Real Player 的连接速度上升后，服务器会转向提供更高带宽的数据流。而且这中间发生的转换过程是瞬间完成的，节目的接收没有中断或间隔。RealPlayer 则负责将传输过来的 Real 格式的音频或视频数据流播放出来，所以只要在客户端安装了 Real PlayG2 播放器，就可以接收到精彩的广播电视节目。

网络广播的软件系统除 Real System 系统外，还有 Windows Media 系统、

Quick Time 系统和 Emblaze 系统等。Windows Media 系统中的编码器支持直播和点播；Quick Time 系统具有目前最高音频播放质量的播放器；Emblaze 系统采用 Java Applet 作为媒体播放器和媒体动态压缩技术，可将原始的声音文件压缩至原来的 1/400，且保证信号质量。美国 Real Net works 公司开发的网络广播软件 Real Audio 是网络广播的标准播放软件。网络广播首先从网络电台开始，音频信号通过编码压缩软件 Real Encoder 实时压缩，送往电信网的服务器，用户浏览器则通过播放软件 Real Player 自动接收播放。

除此之外，这些网络广播的软件系统还新增了编辑播放清单及影音档案管理功能，除可以在网络上即时播放音频视频外，还有录制、整理、播放 CD、MP3 等功能。而早在很多年前，Windows Media Player 与 1E5.0 浏览器就有很好的整合，如 1E5.0 中就预置了"电台"栏，通过预置选项可以轻易地连接多个国家和地区的上百个广播电台，而 Media Player 新版本更可与 1900 个网上广播站点链接。

三、手机广播

所谓"手机广播"，就是利用具有收音和上网功能的手机收听广播。根据手机广播的实现方式，大致可将其分为三类：一是通过移动通信网络实现，即基于目前的通信网络，实现广播节目的实时、延时收听或者点播；二是基于广播网与通信网的融合，即通过广播网实现广播节目的下传，通过通信网络实现用户信息回传，从而实现手机用户收听广播节目；三是在手机中内置了 FM 广播调谐器，用手机可以直接收听电台广播节目。

第三章 电视节目的制作和播出

第一节 电视节目的录制与制作

一、电视节目

（一）电视节目的表现形式

电视节目的画面由一个个镜头组成，其中包括了屏幕上各种可视的形式，如影像、图表、字幕等。音响是电视观众通过喇叭听到的所有成分的统称。这些成分大体包括解说词、效果声、音乐和歌曲，如果是电影或电视剧，那么还可能有旁白、对白等。

（二）电视节目分类

1.电视新闻节目

电视新闻的格式可以多种多样：有以镜头画面表达内容为主的电视画面新闻，有镜头为辅、解说词为主的解说词新闻，有播音员读稿的电视口播新闻，有屏幕上出现图案和图表的图案新闻，还有干脆以文字形式出现的文字电视新闻，其格式的多样性恰恰体现了电视传播的多样化特点。

2. 电视专题节目

这一类型的节目内容十分广泛，围绕着一个特定的题目或者针对某个专门的内容所展开的报道和讨论，都是专题节目。节目的形式多种多样，长度以每集不超过 10 分钟为宜，可以在一个专门栏目内将项目一个个依次播出。

3. 实况直播节目

这种类型的电视节目包括时事政治实况，剧场文艺演出实况和体育比赛实况。通常这类节目场面大，时效性强，播出的时间较长，节目本身或有欣赏和娱乐的特点，或有很强的新闻属性。

4. 电视剧与电影

虽然电视与电影有着一些差别，但是在观众的心目中往往是把它们放在同一类节目之中的。以故事情节或矛盾冲突为主线，利用银幕形象着意刻画人物的个性，揭示和表现深刻的主题思想，这是电视节目与电影共同的属性，不同之处主要在于电视与电影两种技术手段的不同，还有制作所需的经费和周期不同等。

5. 电视广告

广告节目无论是形式或内容都可称得上是一类完全不同的节目形式。广告的目的性很强，常常自然或不自然地诱发观众产生一种将信将疑的逆反心理。因此，商业电视台制作广告，常常从趣味性、人情味及产生好感、美感等方面入手，进行商品电视广告的构思，进而提高电视节目的质量。电视广告为了博得最大的收视率，往往以巧妙的构思，精湛的拍摄技巧，逼真的动画设计，高超的表演，夸张的解说，再配上悦耳的音乐，给人以强烈的印象，消除或冲淡观众的戒备心理，使广告确保其效用。

6. 综合节目

选定一名或多名深受观众喜爱的人物来当节目主持人，参加晚会的人员既是演员，又是观众。电视观众还可以通过电话、短信和微信与晚会现场联系，直接点播节目，为节目增添了生动随意、亲切活泼的气氛。

7. 教育节目

所有的电视节目就其社会效益而论，都有着一定的教育意义。这里所说的教育节目，是指利用电视广播举办的种种专业或普及性、定向性的科技、文化教育性节目。

二、电视的像素与清晰度

高清晰度电视是一种电视业务下的新型产品。高清电视需要满足以下几个条件：首先高清电视的物理分辨率，即屏幕上像素点的数目要达到或者超过显示内容的分辨率，目前高清标准中有 720p、1080i 和 1080p，要满足高清电视条件，其垂直方向上的分辨率必须要超过720，因此无论是等离子电视、液晶电视还是微显背投，其垂直分辨率都要超过 720（例如 1024×768、1280×768、1366×768、1920×1080 等）才能满足高清电视的要求。其次高清标准要求电视屏幕的长宽比为 16∶9，传统的 4∶3 比例的电视虽然可以显示 16∶9 内容，但图像要经过压缩调整，不能成为高清电视。真正的高清电视需要内置高清数字调谐器，不过目前国内由于相关标准还没有确定，不能对此提出要求，市场上的高清电视产品有些还无法内置高清数字调谐器。

最后高清电视要显示高清内容必须配备 DVI 或者 HDMI 数字多媒体接口，才能接播高清视频播放设备。

三、摄像机最基本的分类方式及使用

（一）按功能应用分类

摄像机从功能应用方面可以分为广播级、业务级、家用级三个级别。

1. 广播级摄像机

用于广播电视播出，也就是我们通常说的电视台节目。因为广播电视节目播出需要反复进行编、解码，为了保持画质，所以对画面质量要求很高。对于摄像机而言，必须满足以下要求：3 片 2/3 英寸的 CCD 是最基本的要求，画面分辨率最少 750 线，低照度最少要 0.3 以下。广播机根据需求又可以分为新闻专题类摄像机、电视剧类摄像机及数字电影摄像机。

2. 业务级摄像机

用于新闻、活动记录。主要用于企业、个人服务。再简单地说就是"小高清"或"小高清记录"两种类型。业务级摄像机的主要特点就是手动、自动两种拍摄模式。基本思路就是：使用自动功能，可以满足不会摄像的人；使用手动功能，可以让专业人员进行有效的画面控制。

3. 家用级摄像机

特点是供家庭出游记录拍摄用。CMOS 芯片小于 1/3，镜头小型化，光学变焦能力小，数字变焦强大。防抖能力强大，基本是全自动操作。

（二）按画幅分辨率分类

从画幅分辨率方面分类有两个类型：标清与高清。

1. 标清格式

特点是拍摄的画面格式为分辨率 720×576。无论是广播级摄像机，还是业务级摄像机、家用级摄像机，只要是分辨率 720×576 就都是标清。

2. 高清格式

特点是拍摄的画面格式为分辨率 1920×1080。无论是广播级摄像机，还是业务级摄像机、家用级摄像机，只要是分辨率 1920×1080 就都是高清。

高清、标清只是一个画幅，是两个不同的标准，并不代表画面质量。

四、电视画面的构成

电视画面既是时间艺术又是空间艺术，缺少时间的连续性和空间的虚拟再现，电视画面就失去了存在的意义。电视画面的屏幕显示、平面造型、框架结构三个方面构成了电视画面特定的空间形态和特性。电视画面不仅占有一定的空间，呈现出一定的空间形态，同时它还要占有一定的时间，并呈现出一定的时间形态。电视画面的时间和空间是结合在一起的，具有单向性、连续性及同步传输等功能。

五、电视画面拍摄的技术要求

电视画面拍摄的技术要求力求稳定、流畅、到位，电视画面的光、色还原应力求真实、准确，电视画面表现的时空信息应清晰、准确，简明而集中，注意同期声的采录。

六、电视摄影造型的手段

电视画面的表现元素是多种多样的，通常情况下，主要包括电视画面景别、拍摄方向、拍摄角度，它们的统一运用、共同组构而形成电视画面的特定语汇，构架和完善了电视画面自身系统的规律性和艺术性。只有真正认识并正确运用电视摄像的三个基本造型要素，才能完成符合电视艺术特色和要求的画面造型表现。

七、电视景别

电视景别分为远景、全景、中景、近景及特写。电视景别的作用：远景和全景景别的变化带来的是视点的变化，它能通过摄像造型达到满足观众从不同视距、不同视角全面观看被摄体的心理要求。中景的变化是实现造型意图、形成节奏变化的因素之一。在电视画面的造型表现和画面镜头中，不同景别体现出不同的造型意图，不同景别的组接则形成了视角节奏的变化。近景和特写的变化使画面被摄主体的范围变化，具有更加明确的指向性，从而形成画面内容表达、主题诉求和信息传递的不同侧重和各自意蕴。

八、拍摄角度

拍摄角度包括垂直平面角度（拍摄高度）和水平平面角度（拍摄方向）。摄像高度是指摄像机镜头与被摄主体在垂直平面上的相对位置或相对高度。

这种高度的相对变化形成了三种不同的情况：当摄像机镜头与被摄主体高度持平时，称为平角或平摄；当摄像机高于被摄主体向下拍摄时，称为俯角或俯摄；当镜头低于被摄对象向上拍摄时，称为仰角或仰摄。这三种拍摄高度具有各自不同的造型效果和感情色彩。平拍指摄像机的高度与被摄对象基本处于一条水平线上，符合人们观察事物的习惯，是使用最多、最常用的一种拍摄角度。主要拍摄中近景和特写，利于表现主观镜头感情色彩：平等、客观、公正。俯拍指摄像机的高度高于被摄对象，是一种现实生活中比较少见的视角。仰拍是摄像机低于被摄主体的视平线向上进行的拍摄，一般用于突出被摄物体，如拍摄天空及高大建筑物。

九、镜头的拍摄及应注意的问题

推镜头应有其明确的表现意义，推镜头的重点是落幅；推镜头应有明确的目标，始终注意保持主体在画面结构中心的位置。拉摄是摄像机逐渐远离被摄主体，或变动镜头焦距（从长焦调至广角）使画面框架由近至远与主体拉开距离的拍摄方法。拉镜头形成视觉后移效果，使被摄主体由大变小，周围环境由小变大。摇镜头犹如人们转动头部环顾四周或将视线由一点移向另一点的视觉效果。一个完整的摇镜头包括起幅、摇动、落幅三个相互连贯的部分。一个摇镜头从起幅到落幅的运动过程，迫使观众不断调整自己的视觉注意力。跟镜头能够连续而详尽地表现运动中的被摄主体，它既能突出主体，又能交代主体的运动方向、速度、体态及其与环境的关系。跟镜头跟随被摄对象一起运动，形成一种运动的主体不变，静止的背景变化的造型效果，有利于通过人物引出环境。从人物背后跟随拍摄的跟镜头，由于观众与被摄人物视点的统一，可以表现出一种主观性镜头。跟镜头对人物、事件、场面的跟随记录表现方式，在纪实性节目和新闻节目的拍摄中有着重要的纪实性意义。

第二节　非线性编辑

非线性编辑是相对于线性编辑而言的。非线性编辑直接从计算机的硬盘中以帧或文件的方式迅速、准确地存取素材，进行编辑。它是以计算机为平台的专用设备，可以实现多种传统电视制作设备的功能。编辑时，素材的长短和顺序可以不按照制作的长短和顺序的先后进行。对素材可以随意地改变顺序，随意地缩短或加长某一段。

从电视技术发展方向来看，电视系统的全面数字化是一个总的发展方向。计算机技术的发展，促进了多媒体技术的高速发展。计算机技术渗入了电视节目制作的每一角落，将很多新的概念和思想带到电视制作领域里，使传统的节目制作方法、节目传输和播出发生了很大变化。电视制作向数字过渡，必须首先从其核心部分引入非线性编辑系统。

非线性编辑系统由计算机平台，视（音）频捕捉、处理和回放的图像卡（声卡）及编辑、特技、动画、字幕软件三部分组成。用一台计算机替代了编辑机、特技机、字幕机、调音台、二维及三维动画创作系统等诸多设备。

非线性编辑带给专业编辑人员的可能不仅仅是一个编辑工具，而是一种工作方式和理念的根本改变。各个电台、电视台都已经将非线性编辑用于后期制作，以加速节目制作的数字化进程，这就意味着编辑人员要担负更多的责任，掌握更多的技术。

一、非线性编辑的系统构成

非线性编辑系统由非线性编辑卡、计算机及编辑软件等部分构成。视频卡是非线性编辑系统的核心部件。一台普通微机加上视频卡和编辑软件就能构成一个基本的非线性编辑系统。它的性能指标从根本上决定着非线性编辑系统质量的好坏。许多视频卡已不再是单纯的视频处理器件，它们集视音频信号的实时采集、压缩、解压缩、回放于一体。一块卡就能完成视音频信号处理的全过程，具有很高的性能价格比。

早期的非线性编辑系统大多选择 MAC 平台，这是由于早先 MAC 与 PC 机相比，在交互和多媒体方面有着较大的优势，但是随着 PC 技术的不断发展，PC 机的性能和市场上的优势反而越来越大。非线性编辑系统所用的硬盘不同于普通硬盘，它要求硬盘的速度较高，且要求其容量较大。随着计算机硬件的飞速发展，非线性编辑软件的发展也在加快，非线性编辑系统的软件及计算机硬件均得到长足的发展。

二、非线性编辑的常见文件格式

（一）AVI 格式

这是一种为多媒体和 Windows 应用程序广泛支持的视音频格式，它是由微软公司开发的。目前 AVI 文件格式在非线性编辑系统中应用最为广泛。

（二）TGA 文件序列

这是一个 TGA 格式静态图片序列可看成视频文件，每个文件对应影片中的每一帧，目前国内大多数非线性编辑系统只能识别 24 位的 TGA 文件。

（三）F/F 文件格式

FLC/FLI 文件格式是欧特克（Autodesk）公司在 2D/3D 动画制作软件中采用的彩色动画文件格式，属于 8bit 动画文件，尺寸较小。

（四）MQ 文件格式

MOV/QT 文件格式是美国苹果公司推出的一种视频文件格式，可用 QuickTime 播放器播放。现已被包括 Apple MacOS 和 Windows95/98、NT、2000、XP 在内的所有主流 PC 机平台支持。QuickTime 因具有跨平台、存储空间小等技术特点，得到了世界的广泛认可。

（五）RM 文件格式

这是一种新型流式视频文件格式，此格式文件尺寸小，适合网络发布，因此得到迅速推广。目前国内电视台正在兴起的网上直播大多采用这种格式。非线性编辑系统中增加一块 RM 实时编码板可产生实时的 RM 视频文件流，此格式的文件可用 Real Play 播放器播放。

（六）MPEG 格式

这是运动图像压缩算法的国际标准，已被所有 PC 机平台支持，包括 MPEG-1、MPEG-2、MPEG-4 等在内的多种视频格式。VCD、SVCD、DVD 都是 MPEG 技术产生出来的新型消费类产品。

三、非线性编辑的优势

从非线性编辑系统的作用来看，它能集录像机、数字特技机、编辑机、多轨录音机、调音台、MIDI创作、时基等设备于一身，几乎涵盖了所有的传统后期制作设备。这种高度集成的特性，使得非线性编辑系统的优势更为明显。概括地说，非线性编辑系统具有信号质量高、制作水平高、节约投资、保护投资、网络化这些方面的优越性。

1.信号质量高

使用传统的录像带编辑节目，素材磁带要磨损多次，而机械磨损也是不可弥补的。另外，为了制作特技效果，还必须"翻版"，每"翻版"一次，就会造成一次信号损失。最终，为了质量的考虑，往往不得不忍痛割爱，放弃一些很好的艺术构思和处理手法。而在非线性编辑系统中，这些缺陷是不存在的，无论如何处理或者编辑、拷贝多少次，信号质量将是始终如一的。当然，由于信号的压缩与解压缩编码，多少存在一些质量损失，但与"翻版"相比，损失大大减小。一般情况下，采集信号的质量损失小于转录损失的一半。由于系统只需要一次采集和一次输出，非线性编辑系统能保证得到相当于第二版质量的节目带，而使用传统线性编辑系统，不可能有这么高的信号质量。

2.制作水平高

使用传统的编辑方法，为制作一个十来分钟的节目，往往要面对长达四五十分钟的素材带，反复进行审阅比较，然后将所选择的镜头编辑组接，并进行必要的转场、特技处理。其中包含大量的机械重复劳动。而在非线性编辑系统中，大量的素材都存储在硬盘上，可以随时调用，不必费时费力地逐帧寻找。素材的搜索极其容易，不用像传统的编辑机那样来回倒带，用鼠标拖动一个滑块，能在瞬间找到需要的那一帧画面，搜索、打点易如反掌。整个编辑过程就像文字处理一样，既灵活又方便。同时，多种多样、花样翻新、可自由组合的特技方式，使制作的节目丰富多彩，将制作水平提高到了一个新的层次。

3. 影视制作水平的提高

总是对设备不断地提出新的要求，这一矛盾在传统编辑系统中很难解决，因为这需要不断投入。而使用非线性编辑系统，则能较好地解决这一矛盾。非线性编辑系统所采用的是易于升级的开放式结构，支持许多第三方的硬件、软件，通常功能的增加只需要通过软件的升级就能实现网络化是计算机的一大发展趋势，非线性编辑系统可充分利用网络方便地传输数码视频，实现资源共享，还可利用网络上的计算机协同创作，对于数码视频资源的管理、查询更是易如反掌。在一些电视台中，非线性编辑系统都在利用网络发挥着更大的作用。

第三节　高标清电视播出系统

一、电视播出系统

（一）播出系统建设设计目标

广播电视台数字播控系统的设计目标是实现台内数频道的数字化硬盘播出，构架安全、可靠、灵活的智能播控系统。采用高标清嵌入式 HD-SDI/SD-SDI 的信号格式。整个系统应满足台内多种信号的调度、分配，系统软硬件采用先进、科学、可靠的技术，并有很强的系统兼容性和可扩展性，配置灵活、易于操作、便于应急、维护方便。整个数字化硬盘播出系统无单一溃点，系统的技术指标应达到国家广电总局规定的广播级标准。

播出系统整体规划需满足：实现多个频道高标清数字硬盘播出系统，构建文件化送播系统，系统设计合理，能够为台内频道播出媒体发布的扩展留出空间和余地，采用总控＋分控＋硬盘播出的总体架构。

硬盘系统规划需满足：上载与播出分离，采用主＋备的可靠播出方式，主备服务器采用分布式架构，建立播出节目二级存储系统，具备上载、自动技审功能完善的播出流程控制与管理。

（二）播总控系统建设设计原则

1.统一性原则

要将应用服务器系统、视音频系统和软件控制系统作为一个整体来考虑。所设计的系统无论在流程上还是在功能上都应很好地与全台节目生产管理系统融为一体。

2.安全性原则

播出安全性的保障是每个播出系统在设计时最需要解决的关键问题。基于硬盘的播出系统，硬盘作为最关键、使用最为频繁、几乎是唯一的播出节目源，要充分考虑播出服务器的播出安全、上载节目的正确、节目素材的存储安全、素材迁移的安全等。除此之外，视音频系统的安全与备份也要充分考虑。软件系统要有完备的安全机制与报警措施。系统设计还要平衡备份与简洁、清晰的关系。

3.高效率原则

高效率的业务处理是流程顺畅的保证，为了提高节目送播效率、技审效率等，系统设计中需要结合云计算等先进技术进行节目的高效技审、转码处理，并提供业务的状态报告。

4.高质量原则

在全程文件化网络制播的模式下，为了保证技术质量，根据播出业务模式和特点，合理确定媒体文件编码格式、封装格式，在数据流程的关键环节采用合理的质量审核措施，实时对信号和文件的内容与质量进行自动和手动的监控与调整。

5. 实用性原则

做到一切面向应用，从网络、存储、主机、软件等各个方面对播出系统规模进行量化，设计出实用的系统。

6. 方便性原则

如何让使用者得到最大方便并且符合台内播出人员原有的操作习惯是一个系统人机工程方面要考虑的重要指标。系统应设计完善的备份机制，提供多种操作简易的应急处理方式、友好的软件人机界面、清晰简化的操作流程，尽量贴合操作人员的习惯。

7. 可扩展性原则

考虑到系统适应未来、适应发展的需要，系统设计应具备可扩展性，且扩展不影响现有系统的正常使用。

8. 开放性原则

考虑在基于文件的网络化的体系架构下，播出网络系统应具备开放性，做好与台内制作网、电视剧编辑网等业务模块的互联互通满足与生产网络支撑平台以及基础网络无缝连接的需求。

9. 高性能价格比原则

考虑在最大限度地保障安全播出的前提下，有效地控制系统购买成本，避免浪费是方案设计时必须予以考虑的问题。

10. 项目实施中先进的管理原则

在项目立项、方案确立、项目实施的过程中，充分引进项目管理、质量控制的先进管理方法，使项目能够按时、保质保量地完成。

二、硬盘部分设计

针对不同广播电视台播出系统，对需求和实际情况进行仔细的分析和研究，并且确定在保障系统安全播出的前提下，研究性价比高的解决方案，同时为系统的升级与扩展留出余地。

（一）设计要点

整个硬盘系统方案的设计重点如下：视频服务器部分采用播出视频服务器组成的主＋备的分布式结构，播出视频服务器采用多级冗余备份机制（主备冗余、机器冗余、通道余），构架高度可靠的视频服务器硬盘播出系统。上载部分采用上载与播出分离的方式，设计多台高标清有卡上载工作站，提供多个高标清上载通道。支持手动、自动、定时、定长上载功能。采用嵌入式文件技审及 MD5 校验技术，保证素材上载的安全。采用互为主备的数据库服务器。安全可靠的网络架构，采用具有几余热备份机制以太网络交换机。功能完善的播控系统软件，提供播控流程智能管理机制，完善的信号监看报警设计。

（二）播出视频服务器

视频服务器播出部分严格按照视频服务器主备冗余备份、播出通道备份的结构方式来设计，极大程度上确保了播出的安全。

视频服务器播出系统设计采用两台高标清视频服务器，完成 3 个高清频道的主备播出任务。每台视频服务器有 4 个播出通道，每个通道都支持 AFD 信息识别，进一步提高系统安全性。

系统音频采用嵌入方式，支持符合 SMPTE 标准的嵌入式数字音频信号的输入与输出。服务器端口配置四个千兆以太网接口，支持最短 10 帧长度的素材的播出。视频服务器管理界面便于操作、简洁明了。视频服务器可在不影响编解码工作的情况下重启 FTP 服务，支持 SNMP 协议。视频服务器系统所使用的本地存储阵列与视频服务器厂商原厂集成，确保性能的匹配性。

（三）节目上载工作站

硬盘播出系统中节目的上载是一个非常关键的环节。上载素材的高质量确保了播出的流畅和安全。本着保证播出安全、优质、高效的原则和前提，将所有参与播出的节目素材实时上载到二级存储阵列中，然后再高速迁移到播出视频服务器。节目上载的技术监看与审片，上载工作站每个上载通道不但均具备编解码功能，而且硬件支持对输入的上载信号源进行实时的信号监测功能。上载信号源一旦出现诸如黑场、静帧、音频超标、劣质画面的情况，上载工作站会将警告信息实时发送给操作人员预警，并提示是否重新上载此节目。对于节目信号源有问题的节目素材可以在上载的过程及时发现，及时处理，极大程度地保证了最终播出节目的质量和安全。

（四）数据库服务器

数据库服务器作为硬盘播出系统网络系统的数据中心，为系统运行提供整个播出系统数据的管理、支撑、查询和检索的功能是系统最重要的设备之一。在实际中一般采用主 + 备数据库服务器架构。

数据库服务器配置专业数据库双机热备软件。软件同时安装在两台主机上，用于监视系统的状态，协调两台主机的工作，维护系统的可用性。它能侦测应用级系统软件、硬件发生的故障，及时地进行错误隔绝、恢复，以最低成本提供用户几乎不停顿的计算机作业环境。

（五）迁移调度管理及二级存储服务器

配置迁移管理服务器，共同完成播控系统的迁移任务。任务管理具有如下功能特点：

1.分布式迁移策略。迁移模块包括迁移服务和迁移代理两部分，迁移服务严格依照节目单查询、分配迁移任务。迁移代理完成对素材的智能自动迁移，保证节目正常播出。

2.迁移过程中嵌入有先进、精确的数字指纹 MD5 校验模块，可完全保证素材迁移完整性、成功率，支持断点续传功能。

3.全局可依照迁移量开多点迁移代理模块，可实现多线程迁移、负载均衡、链路穴余迁移策略管理功能。

4.完善素材迁移策略制定，包括二级存储和服务器之间的素材上传、素材下载、主备镜像存储同步、依照节目单自动维护过期素材、应急手动迁移任务等。

5.完善可追溯模块日志系统，方便迁移任务统计、日志查询。

6.嵌入流程监控接口，可将迁移进度发布，配合全台监控系统中流程监控部分，使技术管理人员轻松掌控素材迁移进度。

7.支持 SNMP 协议，可将设备运行状态发布，配合全台监控系统中设备监控部分，使技术管理人员轻松掌控设备运行状态。

二级存储在功能上已经涵盖了播出服务器近线存储功能，内容浏览（文件级审看）功能，向视频服务器传送媒体素材功能，完成二级存储媒体素材生命周期管理功能，以及实现与将来的新闻直播网、制作网及广告网的连接。

三、播出控制系统设计

（一）播出控制工作站功能特点

1.各个频道自动播控工作站实现对相应频道应急录像机、主备分控矩阵，视频服务器的通道、主备键控器和字幕机等的自动控制，多个频道配置 N+1 备份的多台播控机完成播出控制工作，任意一台都作为其他播控的备份。

2.主备自动播控工作站间采用跳线连接。备播控工作站实时自动检测主播控工作站的工作状态。当主自动播控工作站出现错误时，备份自动播控工作站可自动和手动接管控制权并同时发送报警信息。当主自动播控工作站恢复正常时，控制权可手动接管。

3.播出控制工作站可以检测控制设备的状态，如发现设备出现故障，软件自动切换到应急备份信号源，最大限度地缩短误播时间，自动应急可以切换为手动控制，主播控机损坏或死机时备播控机自动接替切换台控制权并报警，硬盘主路损坏自动切换到硬盘备路并报警。

4.系统中任意播控工作站均支持多格式数据备份，可以将数据库信息生成数据文件，也可以将数据文件恢复成数据库信息。发生网络故障时，播控工作站可以将数据文件拷贝到本机，使出工作正常进行。

5.播控机重新启动播出软件时，可以恢复播出现场，自动跳跃恢复故障所应用的时间间隔，按照原有的节目单继续自动播出。

6.具有同步主备通道节目播放功能，在由于其他原因造成主备服务器播出不同步的时候，可以将不同步的画面向节目单编排的时间校准。

7.为了保证播出所使用的所有硬盘节目不被意外删除和节目单不被意外改动，播出过程中可以锁定正在使用的节目单，则节目单和其中涉及的所有硬盘素材都不能被更改和删除，保证播出的正常使用。

8.播控机具备完善的播出记录功能，可以将工作人员的操作记录、设备控制记录、设备检测记录等存储到系统日志文件和日志数据库中，只有具有相应管理权限的人员才能够对日志数据进行操作，并可以输出报表。

（二）播出控制系统

基于IP方式的协议使端口共享得以实现发控端与被控端之间的随意性，只要是能接受的、端口是绝对放开的、通信间的协议是畅通的，它们就不受空间、位置等影响，可以与对方通信上得到控制，端口与端口之间的转换也就非常简单、容易了。

在系统中，所有播出控制工作站可以方便实现通过网络完成对视频服务器、录像机、切换器、键混、台标等的精确控制。正常播出情况下，播控机通过网络控制视频服务器实现精确到帧的节目播出，同时播控机通过服务器随时可以控制切换台、切换器以及应急录像机，在需要时准确地控制切换器切换到需要播出的通道，实现自动播出切换。

系统支持离线播出功能，即在播出控制服务器故障时，播出视频服务器仍然能够根据本地节目单进行播出，提高了系统的安全性。

四、软件部分的采用

广播电视台一般选用高标清系统播出软件系统的整体解决方案，充分确保播出系统安全、可靠、稳定运行。安全播出是电视台的生命线，是一切工作的重中之重。播控软件系统是播出功能实现的核心，它是维系电视台播出正常运转的最为重要的环节之一。

播控软件系统需具有安全、稳定、可靠、高质、高效的特点，软件系统充分考虑各种情况下的备份手段和应急措施，确保播出系统的安全播出。同时，选用播控软件可根据电视台的具体需求进行个性化定制开发，软件升级过程中不影响正常播出。

选用软件系统要具备以下主要特点：

1.完全符合全台数字一体化网络架构设计，为将来全台网各个业务板块提供了合理、完善的互联互通接口。主要表现在：软件系统支持播出系统将来与各业务系统的媒体数据交换，支持多种交换形式；软件系统支持多种网络接入方式和文件传输协议；软件系统可以完成对媒体数据内容的处理；软件系统具有开放的体系架构，支持可持续发展。

2.功能完善，稳定可靠。安全可靠地实现对播出系统设备的控制（播出视频服务器、切换台、切换器、字幕机、台标机、录像机、键控器等）。模块化的播控软件管理，包括编单、上载、审看、播出管理、统计、监控等模块。提供基于文件的节目自动技审功能，可检测上载过程中节目素材的加帧、黑场、彩底、彩条等问题。

五、播出全程监控系统

随着技术的发展，播出、制作流程以安播监控为中心逐步向以预防为导向转变。随着广播电视日渐快速向数字化发展，节目内容越来越多，电视系统的网络规模越来越大，环境越来越复杂，人盯机的传统工作模式显然已经不能满足要求，人机分离的操作模式必然会成为数字化发展的一个重要趋势。播出安全一直是广电人最关心的，无人值守和播出安全怎样才能更好地融合，智能监测系统解决了这个难题。

智能监测系统是一个具有智能化、网络化、汇聚分析可视化的平台，通过在整个电视中心技术系统中部署多个监测点，采集实时的视音频信号状态、设备状态、电压电流（UPS）和温湿度等信息，进行汇聚、过滤、分析和直观展示，实现应急提示和分级报警提示等功能，帮助值班人员快速应急、正确处理，提高系统应急的效率。中心播控机房建立统一的网络智能监测系统平台，它是基于 SNMP 协议的配置、管理、监测的平台，可以对播控系统中各种视频服务器、系列视音频处理模块、网络交换机、数据库、工作终端及第三方设备进行监控，对串口协议设备提供 RS232-SNMP 网关服务，实时显示设备状态，配置设备参数，在设备工作状态异常时提供可视化声讯报警并分析处理设备报警信息，提示工作人员发现设备故障及时处理，并可生成详细的操作日志、报警日志供以后设备维护使用。

系统实现涵盖播总控系统及播出全业务的智能化预警和监测平台，不仅能够对信号层、设备层进行监测，还能够对业务流程、网络环境、电力环境、机房环境等进行全面、准确、实时监测，并对采集的信息进行实时分析，分级分类提醒。

作为播控系统的监测监管平台，监测系统要具备极高的安全性，所有环节的设计必须依托于安全稳定的首要原则，包括网络安全、数据安全、设备安全、质量安全等。须建立完善、可靠的系统访问权限机制。操作员必须登录才能使用，并且进行权限验证。另外，为保护数据的安全，必须设置备份与恢复机制。

系统应具备稳定的、成熟的先进技术，对各种可能出现的情况做出相应的保护设计和备份设计。系统具有一定的检错、纠错能力，在系统出现故障时，应能够在较短的时间内恢复系统运行。

系统要采用模块化结构和开放式设计，达到可以灵活构建的目的，即增加新的模块或功能可以比较简单地加入原系统而不至于改动整个系统构架。

设计要具有前瞻性，引进先进的管理思想，根据需要对原有业务流程和组织机构进行重组，坚持先进性与适用性相结合的原则，符合技术发展的基本潮流。

考虑到系统的生命周期，认真分析技术、设备、软件、系统的生命周期，保证系统在生命周期内的可用性、可维护性。

系统具有灵活性，能适应系统运行以后的局部变化，以及今后整体发展的需要，适应电视台未来事业发展、产业运营及技术发展的要求。

系统支持动态扩展，要把电视台的当前需要与长远发展结合起来，统筹规划，突出重点，量力而行，务求实效。在发展过程中要统筹好系统升级和扩展的策略。在关键设备的选型上，如存储和交换机等，需要考虑一定的余量；在软件功能上，具备一定的扩展修正能力，在不影响和中断录制系统运行的情况下，进行系统的平滑升级。

系统的完整性，全面考虑电视台面对市场和自身的各个部分与环节，构建一个全面完整的信息系统。系统要具备功能的完善性，对外提供快捷、友好的服务界面，突出用户使用的实用和友好性。设备操作要简单直观，易于操作，维护管理方便。

六、总控系统设计方案

（一）总控矩阵系统

在播出系统正常工作时，总控信号调度系统承担着对参与播出的各种视音频信号包括演播室信号、静止图像信号、录像机信号、外来信号、播控 PGM 及 CLEAN 信号的调度、处理、分配，并向播出频道分控系统输出信号的任务，有时甚至参与播出，作为频道播出的备份矩阵使用。根据不同广播电视台的技术特点，综合以往其他案例中总控调度矩阵系统的实施经验，对播出方案中的信号源、调度矩阵规模、控制面板、技术设备监控系统、信号监测系统、显示监看系统进行全面的考虑和设计。总控系统由基准和时钟同步系统、矩阵系统、周边设备系统、监看和提示（UMD）系统、卫星接收系统、设备监测监控报警系统和信号监测监控报警系统等部分构成。

总控系统承担的任务要求为播控系统提供用于各频道播出需要的信号，包括中央一套信号、高标清卫星接收信号、高标清外来信号、其他用于播出的信号等；帧同步机调度，根据需要对帧同步路由进行相应的信号调度；高标清信号的上下变换处理，高标清信号的延时，频道播出净信号的调度，可用于节目回录；完成台内各子系统间电视信号互联互通；提供播出系统、演播室系统同步基准信号；提供播出系统、演播室 CPS 时钟信号。

（二）总控系统设计原则

总控系统设计遵循如下原则。

1. 安全可靠性。这是设计总控系统的首要原则，应着重于选择性能稳定可靠的硬件及一定的穴余设计，保证系统中不存在单一崩溃点。

2. 先进合理性。由于总控系统在投入使用后，在若干年内一般不允许进行结构性的改动，所以设计总控系统必须有一定的超前意识，应该顺应整个行业的发展趋势，让系统在将来若干年内还保持领先；同时在设计上要充分考虑使用方便，要与全台各部门工作流程和使用方式相符，最大限度减少信号传递环节和操作量。

3. 灵活扩展性。总控系统要在若干年内相对固定不变，对所选用的核心设备应具备一定的灵活扩充能力，如矩阵的路数、频道的扩充等，都应留有一定的扩展余地；同时考虑系统的调度灵活性，能充分而及时满足播出、信号交换、节目制作部门的需要。

4. 简洁性。总控系统在满足所有功能的情况下，应力求设计简明、逻辑结构清楚，系统设计得越简洁，播出的安全度就越高。

（三）总控同步与时钟系统设计

对于播出系统，同步是指各播出信号到达播控切换台（切换器）时所有信号的同步时基、相位均精确一致，且各项技术指标都符合广播级标准。由于进入总控的信号种类多，来源亦不同，因此必须分别加以处理。在系统中配置两台同步信号发生器及同步倒换器，构成主备倒换的结构，向系统中所有需要同步锁相的设备提供 BB 信号 GPS 同步时钟校时系统，同步时钟是指各子钟走时与主钟走时精确一致的时钟系统。在播控中心的内部，总控机房及各播控机房需要一个精确同步的时钟，以便实现播出时刻的准确性。在播出中心的周围，卫星接收站、微波机房、各演播厅也需要一个与播出中心时钟精确同步的时钟，以实现日常播出特别是现场直播的准时和协调。因此，同步时钟系统是保障安全播出的重要手段。为确保数字播出系统正常运行，系统配置了 GPS 卫星时钟接收机，通过网络和时码分配器向所有需要校时的设备传送时码校时信号。

七、频道分控系统设计

（一）频道分控系统设计原则

分控系统规划为两个以上高清频道播出系统，满足安全、可靠的播出任务，具备稳定的、成熟的先进技术。

为了提高安全播出的可靠性，各频道的设备不互相共享（各频道间设备不共用机箱等），以减少频道间的相关性，尽可能避免相互影响。所有频道均应采用主 / 备通道结构，主 / 备通道的切换通过 2 选 1 进行倒换，主备通道路由是两个独立的信号路由；每个频道采用分别独立的视音频系统；主备切换处理的信号源完全相同；备路信号台标和字幕叠加信息与主路信号一致；主备路 2×1 倒换器具有断电旁通和行同步的功能，真正实现了系统无单一溃点。

全系统信号通路无单一崩溃点。避免因某一设备的故障而影响到整个系统的安全性，尽量缩小设备故障影响的范围。每个频道的监看屏幕墙直观、清晰地监看到所需要的各种源信号。因为播出字幕运用较多和较频繁，每个频道配置一台字幕机及一台上位机，并且各个播出频道的字幕机组成一个网络系统，进行统一的字幕管理、备份和发布。

各播出频道系统主要由信号源、信号处理系统、信号切换系统、信号显示系统、信号技术检测系统、智能监控系统、同步系统、通话系统、时钟显示系统组成。涵盖周边处理分配、播控切换、视音频监视测试、显示、字幕、同步、通话、时钟显示、智能监控、TALLY 等主要设备单元。

（二）频道分控系统设计

根据分控系统设计原则和要求，电视台播出系统分控部分主要完成多个频道高清节目播出。以主备视频服务器播出信号及频道硬盘服务器热备份信号为主要信号源，结合应急录像机信号、外来信号、矩阵调度信号、延时垫片信号、测试信号等作为各个频道的播出信号源。播出信号的监看考虑采用大屏幕多画面分割结合的方式实现。配置独立的台标和字幕系统，通过监控器实现台标字幕的混合字幕系统设计为播出联动结构，播出系统可方便地对字幕系统进行控制。

八、互连云平台

（一）总体概述

随着技术科技的发展以及现有技术的实践应用，广电行业已进入全台网深化阶段，通过资源整合、生产方式转型、业务流程再造等，使台内各功能网络协同运行、互联互通、资源共享，推动新闻、制作、数字内容管理、播出、收录等单个业务板块向集约化、规模化发展。

全台全程文件化是广播电视的发展目标，随着云计算的成功应用，IT设备逐渐在广电领域深入，建设广电私有云已成为目前发展的必要手段，面向全媒体播出的云转码媒体文件整备系统因此应运而生。

对于全媒体播控中心来说，需要建立一个共享数据中心，可以直接读取来自各个制作网、媒资网的非编素材。云转码系统正是针对这个应用需求，通过接口集群接受非编迁移指令，调度系统把媒体文件分片交付云计算中心，然后通过聚合服务器形成指定播控文件格式，通过交互平台推送给相应播控平台。

电视台非编制作网络与播出节目平台网络的素材交互转码效率较低，高清素材转码效率普遍在2倍速，标清素材的转码效率普遍在5倍速，较低的转码效率成为电视台内节目素材交互一体化流程中的瓶颈，制约了整体节目制播流程的发展。新的全媒体云转码系统已能够提升转码效率达到高清素材10倍速，标清素材25倍速。

（二）云转码平台构成

构建高速的网络结构及高带宽存储，提供全台网充足的计算能力，使各功能网络能够便利地接入全台网，便于全台快速扩容和按需调拨是搭建云转码的基础平台。

全媒体云转码系统平台包括了云技审、云调度、云计算、云聚合、云迁移等几个业务模块。整体架构由以 PaaS（平台即服务）、SaaS（软件即服务）、LaaS（基础设施即服务）三大服务模式为基础，支撑非编制作网络与播出节目平台网络素材交互的技审、迁移、转码，以及数据管理、流程监管。主要包括系统接口、云迁移转码、系统监管三大部分。

媒体调度云，完成非编成品素材的分段切片，并完成媒体的分发调度工作，将切片后的素材传递往媒体计算云。媒体调度云整体切片及分发通过 SaaS 发布往监管系统进行状态监管。

媒体计算云，进行切片素材的转码处理，利用 LaaS 平台的处理性能，分担处理素材的转码工作，将素材传递往媒体聚合云。媒体计算云处理进度实时反馈给媒体调度云，云内部自动完成任务均衡及故障接替，同时将云计算进度发布往监管系统进行状态监管。

媒体聚合云，将经过计算云处理过的素材切片进行聚合，形成最终完整文件，再通过传输平台将素材迁移到节目播出网络。聚合过程中将故障片段信息实时反馈到媒体计算云，进行素材的再申请，同时将云聚合进度发布往监管系统。

（三）云转码的实现过程

全媒体云转码系统平台的核心技术在于独有的分片式转码。通过把文件按照 GOP 整数倍分片，把片段分布到计算服务器集群做转码运算，转码后片段存储在聚合服务器缓存，通过片段识别技术把转码后数据聚合成媒体文件。根据转码任务来灵活部署（LaaS 服务模式）计算服务器数量，从而可以均衡转码任务，提高转码效率，满足集团化转码需求。根据全媒体云转码系统，采用合适数量的计算服务器及聚合服务器可使素材从非编制作网络到播出网络达到转码效率最大化。

（四）云转码系统工作流程

各制作网非编素材经过节目交互平台路由把媒体文件迁移到云转码平台存储系统，首先经过云技审，通过技审的素材由转码调度系统建立转码任务分布到各个云转码计算中心，再通过云转码计算的分片、转码及审核后，聚合服务器把各个片段文件合成目标文件，最后根据转码任务目标安排自动启动迁移线程路由，到播出网络目标磁盘阵列。

第四节 虚拟演播室与在线包装

一、虚拟演播室

虚拟演播室技术是计算机技术、虚拟现实技术、电视摄像技术、电视抠像技术结合在一起形成的，计算机技术和虚拟现实技术产生二维或三维虚拟场景，电视摄像技术产生真实画面，电视抠像技术将真实画面融入虚拟场景中，使电视画面具有特别的艺术效果。

（一）虚拟演播室的分类

虚拟演播室系统从功能上划分，可以分为二维虚拟演播室系统和三维虚拟演播室系统。二维虚拟演播室系统普遍具备遮挡功能，通常也被称为"二维半虚拟演播室系统"。

二维系统通常以一张或一组平面图像为背景，根据摄像机推、拉、摇、移的参数变化对整幅图像进行缩放或平移处理，以提供相应的背景。例如，当摄像机推进前景图像时，在相应运动参数的控制下，图像处理器会产生一个放大的图像，与前景配合，合成之后，前景看上去就好像确实处于图像处理器产生的虚拟背景之中。由于此系统是二维系统，所以摄像机不需移动。

需要注意的是，二维系统的背景一般是事先做好的平面图像，这是二维虚拟演播室系统的重要特征，也是区别于三维虚拟演播室系统的本质特点。

三维系统是基于 OPEN-GL 或 D3D 图形渲染平台之上，采用高质量的专业 3D 图形加速处理卡，配以相应的场景处理技术来保证系统能够流畅地运行复杂的三维场景。三维系统的特点是构建真正三维的虚拟场景，三维系统调用的场景是用传统的 3D 建模工具（如 3DMAX、MAYA、SOFTIMAGE 等）建立的标准虚拟场景模型文件（*.3DS），在专业图形工作站上根据摄像机推、拉、摇、移参数的变化进行实时的三维填充和渲染，因此场景模型和实时渲染是三维虚拟演播室的重要特征。

三维虚拟场景中的景物具有真正三维属性，随着摄像机的推、拉、摇、移，可以看到景物的侧面和背面，而且在三维场景的物体之间是有景深效果的，随着摄像机的推、拉、摇、移，物体间的空间位置关系也有相应的变化，如同真正实景搭建的效果一样。在后面章节介绍的关键技术以三维虚拟演播室为主。

（二）虚拟演播室的构成

虚拟现实技术与电视演播室枢像技术结合产生了虚拟演播室技术。在演播室构造一个蓝箱作为色键蓝背景，提供演员活动空间。同时采用同步跟踪技术，用真实摄像机的运动参数复制产生计算机三维空间的摄像机模型，使虚拟摄像机精确跟踪真实前景图像的变化，调整虚拟空间与演员画面的位置和比例，在演员与计算机生成的三维空间合成时，整个合成图像犹如同一台摄像机拍摄的完整画面。

在实际进行蓝箱设计时，首先要考虑蓝箱的空间布局问题。目前各电视台的演播室多是一室多用，即同一个演播室由多个节目共用，也就有多个场景。这就要求在设计蓝箱时要充分考虑到其他场景的位置和灯光需求，不能使节目在录制时出现质量下降或穿帮现象。倘若演播室一室一用，专为虚拟演播室所用，就不存在这个问题。所以，建议最好是选用面积适合的小演播室作为虚拟系统专用。其次要根据虚拟系统的机位来设计蓝箱的形状并计算其大小。也就是说，蓝箱的大小一定要能够满足摄像机的推拉摇移的范围要求，既不能过小而限制镜头的活动，又不能盲目加大蓝箱面积而导致造价的大幅度提高。最后要根据使用虚拟演播室制作节目的性质来规划蓝箱的大小。新闻及小型访谈类的节目在录制时镜头一般较为简单，大多是以正面近景辅以少量侧面全景，且镜头固定，无须推拉摇移，主持人的位置也固定不动，这样对蓝箱的要求也就不高，只要顾及侧面全景不穿帮即可，蓝箱可以做得较小。如果是录制文艺性节目，主持人不但会来回走动，且镜头的推拉摇移较多、变化较大，这就要求蓝箱要相对较大，给出足够的镜头活动空间。

蓝箱装修包括两个呈 90 度夹角的立面和一个地台。立面与地台的夹角应大于 90 度，以减少反射到主持人身上的蓝光；立面与地台间最好采取弧形过渡，这将更容易均匀布光，而且墙壁间也不会互相反射。圆滑的角落可以帮助减少灯光的明暗差异。地板应该足够大，以避免主持人的面光形成的强阴影打上立面，有时这会为制作带来一些麻烦。

虚拟演播室系统框图由真实摄像机、摄像机同步跟踪系统、计算机图形生成器、视频延时器和色键器等构成。外部视频输入图形工作站用于虚拟场景的预置设计和生成，如场景的整体设计和建模渲染等。

虚拟演播室每生成一帧图像，就要处理相当多的数据，在实拍时还要求处理速度达到实时的电视速率，即每秒钟有 25 帧图像，这么大的数据运算量对整体系统的性能提出了很高的要求。

虚拟演播室系统在结构上基本可以分为两种类型，即独立通道化系统结构和共用式系统结构。这两种结构设计方式不同，系统所具备的功能、操作方式以及成本都有比较明显的区别，各电视台可以根据具体使用情况选择适合自己的结构来组建系统。当用户的演播室只采用一个机位时，也就没有以上两种结构的区别了。当用户需要在两个机位的合成信号间运用切换和叠化等特技时，系统结构的设计就会变得复杂一些，需要配置更多的设备，这时就需要考虑采用独立通道化的结构了。当用户不需要特技切换或直播时，可以采用共用式的结构。

（三）虚拟演播室关键技术

虚拟演播室的关键技术主要有摄像机跟踪技术、色键抠像与合成技术、图形渲染平台以及虚拟场景制作技术。

1. 跟踪技术

与传统的演播室相比，虚拟演播室明显增加的一套系统便是摄像机跟踪系统。而摄像机跟踪技术也是直接影响最后节目效果的关键技术。后期的合成系统及场景生成系统等的工作均是建立在此基础上的。摄像机跟踪系统为其他系统提供摄像机、主持人、计算机虚拟场景之间的对应位置关系数据。对于摄像机而言，这些参数包括镜头运动参数（变焦、聚焦、光圈）、机头运动参数（摇移、俯仰）及空间位置参数（地面位置 X、Y 和高度 Z），共八个参数，除调焦与沿光轴旋转外，其他六个参数在理论上讲都可以保持足够高的精度跟踪。

目前应用较广的跟踪方式是机械传感、网格识别、红外定位这三种跟踪方式。

（1）机械传感跟踪

基于机械传感器的跟踪方式是最先应用于虚拟演播室系统的一种跟踪方式，并且至今仍然广泛应用。

这种跟踪方式的原理，即是在摄像机的镜头上、液压摇摆头上装有精确的编码器，可以精确地检测相应参数，通过 RS-232 或 RS-422 端口送给控制计算机，要获得正确的透视合成效果，就要使虚拟背景的立体透视关系实时地跟上真实摄像机拍摄的状态变化。但虚拟摄像机的各项参数与真实摄像机间各项参数之间并非一一对应的线性关系，这就增加了模拟控制的困难程度。为此，采用基于编码的传感技术，并对这些参数进行编码，经过分析判断这些参数的优先级别，并将这些编码信息传送到同步跟踪分析处理计算机进行优先译码，同时生成虚拟摄像机的参数，提供给图形计算机生成虚拟背景，跟随演播室内的真实摄像机进行同步变化。

机械传感跟踪方式先在摄像机镜头上安装好传感装置，获取摄像机变焦和聚焦的参数。然后将摄像机放置在云台上，在摄像机的云台上安装的高精度传感器和机械齿轮与装在镜头上变焦环和聚焦环上的齿轮咬合紧密。此时就可以对摄像机进行需要的拍摄操作，这四个跟踪参数通过控制端口传送到控制计算机进行处理。一些设备的机械传感跟踪摇移精度达到 0.00035 度，重复精度为 0.00011 度，俯仰精度达到 0.00026 度，重复精度为 0.00013 度，拍摄局部特写不受限制。

但机械跟踪的缺点是摄像机不能大范围地移动，不能根据演员坐、站来升降摄像机，而且在拍摄前有复杂烦琐的摄像机定位和镜头校准，不能与实景演播室混用一个演播室，摄像机等设备不能共享。

（2）网格识别跟踪

基于网格识别技术的虚拟演播室，是在演播室的蓝幕上用两种深浅不同、线条粗细不等、线间空格两两不相同的蓝色绘制的网络图案。蓝箱内的真实摄像机在摄取前景图像的同时，也摄录了网格图案的影像，将这一图像进行数字化处理后送入 VDI-40 打上标签，然后送入图形处理计算机，利用图像分析法，参照在摄像机中设置的起始参数，根据图像中的网格图案，计算出摄像机机头运动参数（摇移、俯仰）及空间位置参数（地面位置 X、Y 和高度 Z）的变化，用这些参数的变化量去控制图形计算机生成虚拟背景的变化，使场景中物体位置的变化及透视关系与真实摄像机中看到的一致。

图像识别的原理简单，用图像分析的方法检测其亮度的变化，以求出每一帧图像中由于摄像机运动而引起的水平位移 Δxi、垂直位移 Δyi 及放大系数 Z 的变化。用图像分析法求取摄像机运动参数的原理，主要是把摄像机的帧间的运动与亮度的时间、空间梯度联系起来。每一个像素位置都有如下关系成立：Gi- GxX+GyY+（Z-1）（GxX+GyY）。其中，Gi、Gx、Gy 为图像亮度于水平、垂直方向及时间上的梯度。X、Y、Z 则为水平、垂直位移及推拉镜头比例系数的变化。X、Y 为像素在当前图像帧内的坐标值。由于每帧图像中都有大量像素，每点都可以列出一个如上的方程，因而可以得到一个已知条件高度冗余的线性方程组。由此可以求出运动参数的最小均方值。实验证明，为获得可靠的、质量足够好的摄像机运动参数，每帧取500—1000 个有规律的点即可达到要求。

网格识别跟踪是目前使用较广、最方便快捷的摄像机定位方式。其基本原理是，将摄像机拍摄到的网格或网格的一部分画面送到 DVP500，DVP500将对这些画面进行实时计算，确定在实时情况下，摄像机相对于系统原点的位置参数 X、Y、Z 以及云台参数 P、T、R 和镜头参数 Z、F，并且随着真实摄像机的运动，将实时计算参数的结果，提供给渲染引擎 HDVG 将与真实场景相对位置的场景渲染输出。

网格识别跟踪的特点比较鲜明：

①提供摄像机的八个定位参数。

②对摄像机的型号和镜头种类没有限制。支持任意类型的普通演播室摄像机。网格跟踪技术依靠图像分析定位，与摄像机以及镜头的种类、型号无关，DVP 只要获得的视频画面符合要求，就会根据画面中所包含的信息来计算出摄像机的位置，因此，本系统支持几乎所有类型的摄像机，包括肩扛、手持甚至遥控摄像机。

③标准配置中，VDI 支持四个机位（可以增加到八个机位）。VDI（数字视频识别器）可以在每一路通过它的视频信号中打上标签，并由 DVP 进行识别区分，因此，一个渲染单元就可以支持最多八个摄像机信号。

④无须镜头校准，定位快捷（只需要 1 帧），摄像机可以自由移动到任何地方进行快速定位，并且操作简单，尤其适合使用频率高，摄像机需要进行频繁移动的演播室。

⑤与传统的演播室相比，对演播室中的设备和安装方式没有特别的要求。网格跟踪方式不需要对摄像机进行任何改装，还可以根据需要随时增加摄像机数量，在摄像机的操作上与传统演播室的操作基本相同，因此维护简单方便，费用也很低。

⑥虚拟演播室可以与传统演播室相结合使用。对于虚拟和实景共用演播室设备的情况下，摄像机的频繁移动无法避免，网格跟踪方式可以任意移动摄像机位置。

当然，任何一种跟踪技术都不是十全十美的，单独使用网格跟踪，也是一样，例如大范围快速运动拍摄、摇臂的使用等。并且，图像中网格线的数量有限制，必须不能少于 2×2 条网格线。这对于拍摄特写镜头会有一定程度的影响。摄像机摄取的画面在任何时候都要至少看到两个网格，因为只有当被摄画面包含一定数量的网格时才能进行测量计算，使被拍摄物体的活动范围以及可拍摄范围受到一定的限制。还有像素级自动深度键等这些功能的实现还需要配合其他的跟踪技术。

（3）红外定位跟踪

在演播室的蓝箱上方两侧安装两台到四台可以发射和接收红外线的装置，对演播室摄像机布局的空间进行覆盖。在演播室摄像机顶部安装四个排列好的低强度红外线发射器。每个红外线发射器的发射频率都不一样，并且要求至少要被两台红外线摄像机拍到。图像计算机根据传送来的信号识别红外跟踪摄像机输出画面中的光源图像，通过对摄像机反射回的红外线进行处理，来计算和确定摄像机在演播室中的位置和方向。根据主持人佩戴的红外反射器反射回的红外线来获得主持人的位置，这样红外接收器接收到主持人的信号，就能感知深度也就是景深识别功能。

红外定位跟踪的特点：

①全自动，无须任何定位操作。

②配合网格信息，实时获得位置参数 X、Y、Z。

③不受限制的 360 度拍摄并且提供最佳的影子和色键效果。

④摄像机可自由运动，不受任何限制，摄像机数可以自动调配。

任何一种跟踪技术都不是十全十美的，如大范围快速运动拍摄、摇臂的使用、像素级自动深度键等这些功能的实现还需要配合其他的跟踪技术，这也是 ORAD 跟踪技术的一个优点，多种跟踪技术可以配合使用，相互之间扬长避短。

在多种摄像机跟踪技术的配合方面，福建电视台根据自身的需求，做了相对应的设计，这部分将在下一节中详细阐述。

2. 色键抠像与合成技术

最终输出要把所产生的三维背景和摄像机实际拍摄的前景图像合成在一起。在合成之前首先要把前景图像中的人物图像提取出来，使用传统的色键抠像技术分离人物图像和蓝色背景。由于前景图像要与最终的三维背景相结合，所以必须考虑前景图像的深度信息。深度是指背景和前景演员的各像素到摄像机的距离。所以这里的合成又被称为深度合成。对于虚拟三维背景，每一像素点的深度值很容易从虚拟摄像机的参数和三维虚拟背景模型中计算得出。但是对于实际拍摄得到的前景人物图像，其深度值是不容易精确计算出来的。不过考虑到前景人物自身的宽度和厚度与摄像机和人物之间的距离相对较小。所以可以认为人物的深度值是一个定值。当然相对于虚拟背景比较复杂的情况，则可以把前景图像分成几个深度值大致相同的部分，然后对每个部分进行估计，最后合成的时候，还需要注意的是由于前景图像是在演播室里实地拍摄的，而背景图像是计算机生成的，二者照明条件不同，需要设法减少分别制作时因照明条件的差异而产生的不协调感。

虚拟演播室采用了传统的色键合成系统，却突破了传统色键系统的限制，消除了摄像机不能与背景同步运动的致命弱点，做到真实的演员能深入到虚拟的三维场景中，并能与其中的虚拟对象实时交互。在虚拟演播室中演员在一间蓝色屏幕代替的真实背景里进行现场表演，计算机图形发生器实时产生一个逼真的虚拟环境，并按以下程序工作：摄像机镜头的定位、测量、运动走向及视角、视野处理，摄像机采集前景视频信号，同时摄像机上的跟踪系统实时提供摄像机移动的信息，这些数据被送至一个实时图形计算机，从摄像机的镜头视角再生成一个虚拟环境。以蓝箱为背景拍摄的摄像机前景图像，经延时后与产生于计算机的实时虚拟背景以相同定位时间进行工作，并通过色度监控器"联动"在一起，实时产生一个组合的图像。

由于计算机图形技术的迅速发展，计算机实时绘制各种复杂逼真的三维场景已成为可能。这些场景可以与摄像机摄制的视频信号完美地合成在一起，使演员表演的空间得到扩展。同时"虚拟摄像机"也可合成进系统中，它可实现的功能如在演播室范围外游移，以完全不同的场景出现或飞出演播室之外到达遥远的地方，并可在运动中安全、平滑地返回虚拟演播室场景，过渡到真实的摄像机。另外使用"虚拟蓝背景"技术可允许摄像机拍摄蓝背景以外的事物，不受现场演播室的局限。现场的演员可以在虚拟演播室中与三维背景呈现真实的透视关系，同时允许插入视频片段、互相作用的三维特技效果、图形、音频及其他更多的东西。这些效果是在节目拍摄过程中根据节目单或遵照导演的现场决定来完成的。如果提供许可，演员及旁观者也可以控制这些特技。所有三维场景可根据摄像机的运动进行实时更新。在感觉上，现场视频及三维场景是由同一台摄像机拍摄的，并且它们来自同一个源。虚拟演播室强调实时性，演员的现场动作与计算机场景能实时地合成，合成后的场景能及时地反馈给摄影师和演员，以便帮助摄影师调整拍摄动作，帮助演员调整表演动作。

3. 图形渲染平台

图形工作站的渲染能力受到场景中的灯光数量、透明层数、透明物体大小、贴图大小与材质、多边形数量、动画复杂程度、视频窗口数量等多方面的因素影响。总之，图形工作站硬件的能力是有限的，因此要慎重衡量做好一个模型的各方面安排。

ORAD 的 HDVG 是现今市场上最强大的三维渲染硬件，HDVG 广泛应用于广播电视行业的各个领域，包括虚拟演播室、体育分析产品、虚拟广告等，并且，通过 HDVG 的渲染引擎软件，各种各样的应用软件都可以应用到 HDVG 的硬件平台。

HDVG 板卡是 HDVG 的核心部分，由 ORAD 独自开发的一块高质量的可编程 PCI 视频板。独有的设计使得 HDVG 的渲染能力比目前市面上可利用的任何渲染平台都强大得多。配合一流的 Nvidia 图形加速卡，HDVG 能输出丰富、逼真、高质量的三维视频画面。作为一个可升级的平台，随着 Nvidia 的不断更新换代，HDVG 也不断升级。

不同的图形工作站渲染能力的不同除了硬件质量的不同外，还取决于软件渲染引擎的设计，渲染引擎对各种功能效果需要的能力进行分配。因此，渲染引擎的优劣在很大程度上决定在实际应用中，系统是否能充分发挥硬件的性能。HDVG 渲染引擎经过了长时间的实践检测，配合高性能的图形卡，达到了最佳的渲染性能。

配合最佳的渲染性能，HDVG 同时提供 2 路不同的视频输入及 2 路环出。作为选配，HDVG 可以增加不同视频输入通道的数量，最多达到 16 路。HDVG 提供 4 路视频输出信号分别是，输出 1/2- 视频输出、输出 3/4- 键信号输出。HDVG 提供了内置视频延时卡，提供一个信号输入及环出和两个视频输出。

HDVG 也支持集群渲染功能，在特殊情况下，针对特殊的应用（如虚拟仿真领域），多个 HDVG 可以集连起来共同渲染一个图形，并且可以选择输出通道的数量及每个通道所输出的画面。

新一代的 HDVG 包含两个单元，其中一个单元为渲染单元，另一个单元为 DVP500- 数字视频处理器，它将对摄像机拍摄的网格信号进行处理并通过网络传递到 HDVG。DVP500 提供一个摄像机信号输入及环出及两个视频输出用来监看 DVP500 网格处理情况。

4. 虚拟场景制作

二维虚拟演播室系统调用的虚拟场景是一张或一组平面图像，比如一套双机位的二维虚拟演播室系统就需要为每一个机位提供一张相应角度的图像，而一旦摄像机离开了预先设定好的机位位置，就无法正确地提供相应的虚拟背景。

三维虚拟演播室系统调用的是标准的虚拟场景模型文件，根据摄像机推、拉、摇、移的变化进行实时的渲染。因此，一方面，可以随着摄像机角度及位置的变化看到具有真实感的虚拟场景，从而看到场景中虚拟物体的侧面和背面，使得整个场景更加逼真；另一方面，允许主持人进入到虚拟场景之中去，三维场景中的虚拟景物既能作为真实人物的背景出现，也能作为前景出现。可以把一些虚拟物体调到主持人的前面来，而且真实人物还能围绕虚拟景物运动，这就大大增加了场景的真实感，同时丰富了节目拍摄手法。

一个三维虚拟场景需要大量的工作来处理运动和再生背景图像序列。图像序列既要实时生成，还要保证广播级的图像质量。图像质量和生成时间是一对矛盾。为了解决这个问题常常采用中间描述结果处理技术。先生成虚拟场景的中间描述结果，在实时生成时，就可以用简单快捷的方法来获得高质量的图像，这种方法的基本思想是计算出给定视点的可视表面部分和不可视表面部分，这里既可以用分析的方法计算出每个对象确切的可视区域，也可以用数字的方法计算出到底哪些像素点是可视的，哪些是不可视的。不过大量中间描述结果往往需要较大的内存空间，这是一个用运行内存空间换取运行时间的策略。

5. 虚拟演播室系统中的几项其他技术

（1）"像素级"深度键技术

处理演员在虚拟场景中的位置时，以前采用"分层次"深度键技术，物体被分别归类到有限几个深度层次中，演员在虚拟场景中的位置不能连续变化。对于"像素级"深度键技术，构成虚拟场景的每一个像素都有相应的Z轴深度值，因此演员在虚拟场景中的位置可以连续变化，使用这种技术后，虚拟物体、真实物体及表演者可在节目中动态地相互遮挡，从而增加了虚拟场景的真实感。

（2）"垃圾色块"技术

用虚拟演播室系统制作节目时，当摄像机拍摄到非蓝区域时会出现"穿帮"现象，为了解决这个问题，采用"垃圾色块"技术。当摄像机拍摄到非蓝区域时，自动由"垃圾色块"填补虚拟背景，具有背景保护功能，使演播的范围大大超出了演播室的蓝色背景范围。还可以用这个技术制作虚拟天花板。

（3）灯光

对虚拟演播室来说灯光非常重要，蓝色舞台需要被灯光照得非常均匀，灯光越均匀，用户需要在键控器上做的修饰越少，容易保留蓝背景上的阴影。

灯具的要求：虚拟演播室灯光系统是建立在新型的三基色柔光灯的基础之上的，这种灯发光均匀、阴影小、发热少、色温恒定而均匀，光布在主持人脸上自然而逼真。此种灯满足了虚拟演播室对光线的基本要求。

区域布光：在虚拟演播室，为了增强节目的真实性、活泼性，主持人都会有一定的活动区域，因此，对前景（主持人）布光不能像新闻类布光是定位的点布光，而必须进行区域布光。

立体布光：传统的新闻类演播室一般都运用三点式布光原理就能满足电视灯光的要求，而虚拟演播室技术采用的是色键消蓝技术进行抠蓝处理，因此，要消除蓝色对前景（主持人）的影响就必须要有立体布光的理念。先进行前景布光，后蓝箱布光，因为三基色柔光灯发光面积大，对前景（主持人）布好光后，必将在蓝箱上产生一定的光照度。因此，前景照度符合要求后，再对蓝箱进行适当补光就能满足计算机色键抠图的要求。前景与电子背景完美融合的关键在于前景与蓝箱科学而合理的布光。

照度的要求：虚拟演播室的照度不同于传统演播室，它要求前景与蓝箱背景照度相匹配，追求光照的一致性。另外，虚拟演播室栏目的灵活性、电子背景的多样性也要求照度必须满足不同栏目、不同电子背景的需要。

（四）虚拟演播室的主要应用

虚拟演播室技术为电视节目制作带来了一场革新，它的应用范围正在逐步扩展，在国内外，它主要有如下几方面应用。

1. 电视台

（1）动感片头

随着多媒体特技动画制作技术的成熟和运用，电视节目的片头制作也呈现出多姿多彩的景象。借助虚拟演播室技术可以实现其他技术难以完成的特技，如物体可以不顾重力原理悬浮在空间、视频图像可以在任一平面上显示出来、场景可由动态物质构成、分子大小的物体能立即变成巨大的物体等。制作人员可以充分发挥艺术想象力，在有限的空间里实现无限的创意，使节目一开始就能吸引观众的视线。

（2）虚拟出席

要采访某位专家学者，最佳方法就是把被访者请到演播室，有了虚拟演播室系统后，即使被访问者不能亲临演播室，也可以得到同样的效果，利用从外地传来的被采访者在蓝色幕布前的信号，先经过一次抠像再进入虚拟演播系统，通过插入的视频可将被采访者与演播室中的主持人实时结合在一个虚拟背景中，主持人与被访者就可以进行面对面的交谈和表演。

（3）移动场景

移动场景是一种具有特殊功能的系统，它可将视频及动画插入室内和室外的节目中，这里使用的是一块绘有格子图案的小型面板，拍摄节目时将它放置在需要插入视频或动画的场景位置上，摄像机可以从任何角度拍摄，得到的格子图案信息可控制生成与面板透视关系一致的视频或动画，最后色键合成后，在相应于面板的地方就会出现视频或动画，而且透视关系与面板完全一致。

（4）虚拟环境合成

制作节目时不需要实地拍摄，只要有相关的外景素材即可，制作中利用软件能方便地实现各种情景的转换，而且能产生有如在真实外景中拍摄的效果。

2. 学校

学校经费有限，不可能像电视台那样，不同节目都投资不同的背景装潢。虚拟演播室利用一张数码相片即可做简易虚拟背景，省去了不必要的投资，而且更换背景快速容易。学校的虚拟演播室可用于如下几个方面。

（1）教育教学中的应用

虚拟演播室技术为教育教学提供了丰富的创作手段，使教学内容可以更加真实、贴近、直观呈现，虚拟演播室应用于场景的制作、场景的设计，可以随教学形式或课程内容而变化。

（2）精品课程

精品课程的录制既要体现教师授课的个性特点，又要体现课堂的互动性，还要反映课件内容和课堂的气氛，在虚拟演播室中，制作人员可以通过虚拟电子背景，将计算机多媒体课件与主讲人的视频图像根据教学需要进行合成或随意切换，以达到最佳的教学效果。虚拟演播室系统丰富多彩的三维场景给教学增添极大的感染力，使数字化教学课程比通常的课程录像更加直观、更有吸引力，可以激发学生更高的学习欲望。

（3）校园电视台及校园主题讨论、来宾访谈等节目

用虚拟演播室能制作出与专业电视台相同水平的电视节目，能很好地宣传学校，专业制作校园新闻，传播校园文化。在虚拟演播室制作来宾访谈，结合主题图片、影片作为背景，可以增强临场感和说服力。

（4）在远程教育中的应用

虚拟演播室技术还可以运用在远程教学中，虚拟出席可以将远地演播室中专家的实况视频与本地演播室中教师的场景视频实时地结合在一个虚拟场景中，两人可以在虚拟场景中进行交谈、演示，学生察觉不到他们是身处异地，能增强现场感与参与感。

虚拟演播室是虚拟现实技术的应用，随着计算机技术的发展和计算机三维图形软件的开发，虚拟电视节目制作会更加成熟完善。虚拟演播室与真实演播室混合发展是未来的发展趋势，它会使电视节目达到最佳的视觉效果，为电视节目制作拓展更大的空间。

二、在线包装技术

随着电视媒体的日益发展和科技的快速发展，传统的电视包装技术已经满足不了现代人们日益增长的物质文化和精神文化需要，人们审美的追求越来越高，对电视节目的要求也就越来越高。在线包装技术正好能满足这一要求，它的实时性、可操作性、美观性很强，与现代电视技术的要求不谋而合。

在线包装是对电视节目、栏目、频道甚至电视台的整体形象进行一种外在形式要素的规范和强化。这些外在的形式要素包括声音（语言、音响、音乐、音效等）、图像（固定画面、活动画面、动画）、颜色等诸要素。

在线节目包装是指在演播室、转播车、播出机房等"线上"就可以完成从字幕、动画、栏目风格、节目模板、实时资讯等在内的所有节目包装内容。这些东西在演播室录制或者直播节目的时候一次就全部做完了，不需要再到后期机房进行包装或者后期制作。节约时间、人力和物力，节约节目制作的成本，提高节目的制作效率，提高节目的质量和观看性。

在线包装技术就是随着电视传媒业及信息技术的飞速发展和广大观众欣赏水平的提高而产生的。观众需要获得更多内容广泛、专业、准确的即时信息，而以往的老式制作模式不能满足新形势下的需求。传统的音视频（AV）技术必须要与信息（IT）技术高度融合，才能适应当前的发展形势，一方面保障了高质量的实时直播画面，另一方面又确保了与各种自动控制系统、数据提供者、版式等相协调，三维在线包装系统已成为广播电视行业发展的一个新的方向。

（一）在线包装技术的特点

在线包装技术按节目形态可分为新闻类、体育类、综艺类，通过不同的在线包装元素组合来体现不同形态节目的特点风格。在线包装的元素模块包括虚拟场景、多层字幕包装、三维图文包装、多通道视频包装、过渡动画特技包装、实时外部数据展示、在线音频包装等。通过这些元素包装模块，可实现各种图文字幕、三维图表、直播连线、实时数据的包装效果。

在线包装的特点如下。

1. 实时三维渲染

在线图文包装提供高质量高清实时三维渲染，其三维渲染引擎的渲染核心是基于计算机图形卡的 GPU 技术实现的。在保证三维图形质量的前提下，系统以极高的效率保证渲染的实时性，没有预先渲染，完全满足外部实时控制的需要。

2. 三维场景、字幕与视频结合

在全三维空间中，不仅处理三维物体，同时以各种纹理贴图方式处理字幕、图像、动画序列、输入活动视频和视频文件回放，使它们作为三维场景中的纹理贴图无缝融入其中，从而展现各种三维图形效果。

3. 实时输入视频

支持高清或标清视频输入的实时开窗功能。采用贴图模式进行的 DVE 可以将实时画面作为材质纹理以多种混合方式贴加在任意物体的表面，进行所有平面和三维特技处理和各种变换，适合后期制作类节目使用。

4. 视频、图像序列回放

支持多种格式视频文件和图像文件序列的实时回放，回放画面均作为材质纹理以多种混合方式贴加在任意物体的表面，可进行所有平面和三维特技的处理和各种变换，非常适合制作画中画效果和各种复杂的活动纹理和背景效果。

5. 音频支持

支持各种音频接口，支持直通背景视频的嵌入式音频或者其他接口输入的音频直通。通过时间线支持音频文件与视频画面的同步回放，产生音频效果。

6. 强大的数据库支持

数据库技术在图文包装系统的应用中占有很重要的地位，天气、财经和资讯节目中，在体育项目尤其是大型综合运动会的转播中的作用和需求十分明显。

7. 网络化、系统化的工作流程

提供完整的涵盖制作、播出和模板管理功能的软件包，这些软件可以根据实际应用的不同需求，配置在单机或者是多机系统之中，通过网络通信和控制支持不同岗位的明确分工和协作配合的工作流程，共同完成图文的制播工作。

8. 在线、后期图文包装和虚拟演播室同一平台

渲染引擎和制作平台在支持三维在线及后期包装的同时，也是虚拟演播室系统的构建平台，使用构建的虚拟演播室系统可以同时具备字幕图形包装的技术能力。

（二）渲染技术

目前电视节目制作对于新一代图文包装系统的技术要求可以归纳为：高、标清全面支持，高质量实时三维渲染，三维场景、字幕与视频无缝结合，实时输入视频多窗口 DVE，多层多物件混合播出，在线数据修改与数据库支持，完善的网络制作与播出流程等。

最新字幕三维实时渲染技术主要包括系统构架、视频输入 / 输出接口，以及基于 CPU 和 GPU 的图形图像、三维加速、三维特效等软件编程技术。

三维实时字幕的系统构架要实现各项渲染任务在 CPU 和 GPU 的合理分工，图文系统的字形字效算法和图像的压缩解压等工作可以交由 CPU 完成，而图文的各种动态光效、三维特技可以交由 GPU 来完成，以确保图文系统的实时性。在 CPU 和 GPU 的编程方面，SGI 的 OpenGL 和 Microsoft 的 DirectX 都提供了解决方案，这使得对系统硬件可以进行深度控制和调配。针对最新图文对实时、多层、三维、子像素的技术需求，必须寻找更为先进的技术解决方案。三维图形加速引擎具有强大的图形处理能力，因之被引入广电技术领域。运用 GPU 强大的三维图形加速能力，结合计算机图形图像技术，设计新一代图文包装系统在技术上是完全可行的。

新一代图文包装系统的渲染处理必将以 GPU 为图形图像的渲染核心。而以 GPU 为字幕渲染核心，将使图文包装系统的图形渲染模式符合多层、三维和子像素的渲染要求。因为在 GPU 进行图形图像处理过程中，每个物件都具有三维属性，都具有独立层的概念，每一个层都有相应的深度 Z 坐标

以反映相互物件间的前后关系。另外，GPU 除了在三维物件顶点渲染方面具

有明显优势之外，在物件的纹理、颜色等像素渲染方面同样能力强大，应用

GPU 实现字幕系统子像素级的渲染已经成为可能。

第四章　微波与卫星技术

第一节　微波与微波通信

微波是指频率在 300MHz 到 300GHz（波长为 1m 到 1mm）范围内的电磁波。微波通信是利用微波作为载波来携带信息并通过电波空间进行传输的一种无线通信方式，包括模拟微波通信和数字微波通信。与其他通信系统一样，微波通信都由模拟微波通信发展为数字微波通信。

微波通信是在社会发展中产生和逐步发展起来的，微波技术是第二次世界大战期间围绕着雷达的需要而出现的。微波技术由于具有通信容量大而投资费用省、建设速度快、安装方便和相对成本低、抗灾能力强等优点而得到迅速的发展。20 世纪 40 年代到 50 年代产生了传输频带较宽，性能较稳定的模拟微波通信，成为长距离大容量地面干线无线传输的主要手段，其传输容量高达 2700 路，而后逐步进入中容量乃至大容量数字微波传输。20 世纪 80 年代中期以来，随着同步数字序列（SDH）在传输系统中的推广使用，数字微波通信进入了重要的发展时期。目前，单波道传输速率可达 300Mbit/s 以上。为了进一步提高数字微波系统的频谱利用率，使用了交叉极化传输、无损伤切换、分集接收、高速多状态的自适应编码调制解调等技术。这些新技术的使用将进一步推动数字微波通信系统的发展。因此，数字微波通信和光纤通信、卫星通信一起被称为现代通信传输的三大支柱。

我国第一条微波中继通信线路是 20 世纪 60 年代初开始建立的，已试制成功 2、4、6、8、11GHz 等多个频段的各种容量的微波通信设备，并正在向数字化、智能化、综合化方向迅速发展。

一、微波通信的常用频段

微波既是一个很高的频率，同时是一个很宽的频段，在微波通信中所使用的频率范围一般在 1—40GHz。具体来讲，主要有以下几个频段：

L 波段：1.0—2.0GHz；

C 波段：4.0—8.0GHz；

S 波段：2.0—4.0GHz；

X 波段：8.0—12.4GHz；

Ku 波段：12.4—18GHz；

K 波段：18—26.5GHz。

二、微波的传播特性

微波除了具有电磁波的一般特性外，还具有一些自身的特性，主要有：

1.视距传播特性

微波的特点和光有些相似，因为微波的波长较短，和周围物体的尺寸相比要小得多，即具有直线传播和在物体上产生显著反射的特性。因此，微波波束在自由空间中是以直线传播的，也称作视距传播。

2. 极化特性

无线电波由随时间变化的电场和磁场组成，电场和磁场相互依存，相互转化，形成统一的时变电磁场体系。时变电磁场以波动的形式在空间存在和运动，因此称为电磁波或无线电波。无线电波具有一定的极化特性。

极化的定义：迎着电磁波的传播方向，观察瞬间电场矢量端点所描绘的轨迹曲线。三种不同的极化形式：

（1）线极化是指电场矢量 E 的端点随时间 t 的变化轨迹保持在一条直线上，若这条直线与地面平行，则称为水平极化；若与地面垂直，则称为垂直极化。水平极化和垂直极化是相互正交的两个函数。

（2）圆极化是指电场矢量 E 的端点随时间 t 的变化轨迹为一个圆。左旋圆极化：电场矢量 E 的旋转变化方向为顺时针。右旋圆极化：电场矢量 E 的旋转变化方向为逆时针。左旋圆极化和右旋圆极化是两个彼此正交的函数。

（3）椭圆极化是极化波的一般形式，直线极化波和圆极化波都可以看作椭圆极化波的特殊形式。由数学分析知，当两个函数正交时，两函数的相关系数为零，因此在微波通信中常采用不同的极化方式来扩充系统容量或消除同频信号间的干扰。

三、数字微波通信的特点

1. 抗干扰能力强，线路噪声不积累

数字通信相对于模拟通信都有这个优点，数字信号的再生使数字微波中继通信的线路噪声不逐站积累。但是一旦干扰对数字信号造成了误码，则在以后的传输过程中被纠正过来的可能性很小，因此误码是逐站积累的。

2. 保密性强

主要表现在两个方面：一是数字信号易于加密，除了设备中已采用了扰码电路外，还可以根据要求加入相应的加密电路；二是微波通信中使用的天线方向性好，因此偏离微波射线方向是接收不到微波信号的。

3. 便于组成数字通信网

数字微波通信系统中传输的是数字信息，便于与各种数字通信网相连，并且可以用计算机控制各种信息的交换。

4. 设备体积小、功耗低

数字微波中继通信设备的体积小、功耗低主要表现在两个方面：一是因传输的是数字信号，因此设备中大量采用集成电路，使得设备的体积变小，电源的损耗降低；二是数字信号的抗干扰能力强，这样就可使微波设备的发信功率大都降至 1W 以下，从而使功放的体积变小、功耗下降。

5. 占用频带宽

这是数字通信相对于模拟通信的缺点。一路模拟电话通常占用 4kHz 带宽，而一路数字电话速率为 64Kbit/s 在理想情况下至少需要 32kHz 的传输带

宽。因此，在同等传输带宽情况下，数字微波的传输容量要小于模拟微波。目前随着新的调制技术的发展以及频带压缩技术的应用，数字微波的这一不足正日趋得到改善。

四、微波通信的分类

微波通信共分四类，即地面微波中继通信、一点对多点微波通信、卫星通信和微波散射通信。

1.地面微波中继通信

由微波的传播特性可知，微波波束在自由空间中是以直线传播的，但地球是一个两极稍扁、赤道略鼓的球体，地表面是个球面，两地距离大于视距（60km），就不能直接收到对方发来的微波信号了。另外，微波在空间传播过程中，能量要不断受到损耗，相位亦要发生变化。因此，对于微波通信，为了获得比较稳定的传输特性，点到点的传输距离不宜太远。为了实现地面上的远距离通信，就需要每隔50km左右设置一个微波中继站。中继站把前一站传来的信号经处理后转发到下一站去，直到终端站，构成一条中继通信线路。

地面微波中继通信的微波天线一般安装在铁塔上，铁塔高度应保证相邻两站的天线满足视距传播要求。在山区架设天线时，可适当利用地理条件，进行超视距中继通信，如可利用尖劈山头周围绕射障碍，获得绕射增益。但是一般以不超过 100～150km 为宜，否则由于信噪比过分减小而影响传输质量。

2. 一点对多点微波通信

一点对多点微波通信系统是一种分布式的无线电系统，它是在空间从一点到多点传输信息。由中心站（基地台）和次级站（用户）组成通信网络。基地台应构成覆盖 360° 方向的圆形无线区域，而用户一侧只要设置一个面对基地台方向的小型定向天线，就很容易地建立起通信线路。每个用户站可以分配十几或数十个电话用户，在必要时还可通过中继站延伸至数百千米外的用户使用。

3. 卫星通信

卫星通信是利用人造地球卫星作为中继的微波通信。它与地面光纤通信相比，最大的优点是无须埋设光缆，可以直接跨过群山、海洋进行远距离通信。

4. 微波散射通信

微波散射通信是指"对流层散射通信""流星余迹通信"等，是利用高层大气的不均匀性或流星的余迹对电波的散射作用而达到超过视距的通信。

第二节　卫星电视接收方式和组成

一、卫星电视接收方式

地球同步卫星分为同步轨道卫星、倾斜轨道同步卫星和极地轨道同步卫星。当同步轨道卫星轨道面的倾角为 0°，即卫星在地球赤道上空运行时，由于运行方向与地球自转方向相同，运行周期又与地球同步，人们从地球上仰望，卫星仿佛悬挂在太空静止不动，因此把 0° 倾角的同步轨道称作静止轨道，在静止轨道上运行的卫星称作静止卫星。

数字卫星电视是近几年迅速发展起来的，利用地球同步卫星将数字编码压缩的电视信号传输到用户端的一种广播电视形式。主要有两种方式：一种方式是将数字电视信号传送到有线电视前端，再由有线电视台转换成模拟电视信号传送到用户家中。这种形式已经在世界各国普及应用多年。另一种方式是将数字电视信号直接传送到用户家中，即 Direct to Home（DTH）方式。由于 DTH 方式卫星电视发射功率大，可用较小的天线接收，普通家庭即可使用。同时，可以直接提供对用户授权和加密管理，开展数字电视、按次付费电视（PPV）、高清晰度电视等类型的先进电视服务，不受中间环节限制。此外，DTH 方式还可以开展许多电视服务之外的其他数字信息服务，如网络高速下载、互动电视等。

DTH 在国际上存在两大标准：欧洲标准 DVB-S 和美国标准 Digi Cipher。DVB 标准逐渐在全球广泛应用，后起的美国 DTH 公司 Dish Network 也采用了 DVB 标准。一个典型的 DTH 系统由六个部分组成：

1. 前端系统

前端系统主要由视频音频压缩编码器、复用器等组成。前端系统主要任务是将电视信号进行数字编码压缩，利用统计复用技术，在有限的卫星转发器频带上传送更多的节目。DTH 按 MPEG-2 标准对视频音频信号进行压缩，用动态统计复用技术，可在一个 27MHz 的转发器上传送多达 10 套的电视节目。

2. 传输和上行系统

传输和上行系统包括从前端到上行站的通信设备及上行设备。传输方式主要有中频传输和数字基带传输两种。

3. 卫星

DTH 系统中采用大功率的直播卫星或通信卫星。由于技术和造价等原因，有些 DTH 系统采用大功率通信卫星，美国和加拿大的 DTH 公司采用了更为适宜的专用大功率直播卫星（DBS）。

4. 用户管理系统

用户管理系统是 DTH 系统的心脏，主要完成下列功能：登记和管理用户资料，购买和包装节目，制定节目计费标准及对用户进行收费，市场预测和营销。

用户管理系统主要由用户信息和节目信息的数据库管理系统，以及解答用户问题、提供多种客户服务的 Call Center 构成。

5. 条件接收系统

条件接收系统有两项主要功能：对节目数据加密，对节目和用户进行授权。

国际上 DTH 系统所采用的条件接收系统主要有美国 NDS、以色列 Irdeto、法国 Via Access、瑞士 Nagra Vision 等。

6. 用户接收系统

DTH 用户接收系统由一个小型的碟形卫星接收天线和综合接收解码器及智能卡组成。

IRD 负责四项主要功能：解码节目数据流，并输出到电视机中；利用智能卡中的密钥进行解密；接收并处理各种用户命令；下载并运行各种应用软件。

二、卫星电视接收机的组成

卫星电视接收机是指将卫星降频器 LNB 输出信号转换为音频视频信号或者射频信号的电子设备。模拟卫星电视接收机接收的是模拟信号，目前因为大部分信号均已经数字化，基本已经绝迹。数字卫星电视接收机接收的是数字信号，是目前比较常用的接收机，又分插卡数字机、免费机、高清机等。

一台最基本的卫星电视接收机，通常应包括以下几个部分：电子调谐选台器、中频放大与解调器、图像信号处理器、伴音信号解调器、前面板指示器、电源电路。插卡数字机还包括卡片接口电路等。

1. 电子调谐选台器

其主要功能是从 950-1450MHz 的输入信号中选出所要接收的某一电视频道的频率，并将它变换成固定的第二中频频率（通常为 479.5MHz），送给中频放大与解调器。

2. 中频 AGC 放大与解调器

它将输入的固定第二中频信号滤波、放大后，再进行频率解调，得到包含图像和伴音信号在内的复合基带信号，同时还输出一个能够表征输入信号大小的直流分量送给电平指示电路。

3. 图像信号处理器

它从复合基带信号中分离出视频信号，并经过去加重、能量去扩散和极性变换等一系列处理之后，将图像信号还原并输出。

4. 伴音信号解调器

它从复合基带信号中分离出伴音副载波信号，并将它放大、解调后得到伴音信号。

5. 面板指示器

它将中频放大解调器送来的直流电平信号进一步放大后，用指针式电平表、发光二极管陈列式电平表或数码显示器来显示接收机输入信号的强弱和品质。

6. 电源电路

它将市电经变压、整流、稳压后得到多组低压直流稳压电源，为本机各部分及室外单元（高频头）供电。

第三节　数字卫星接收机的种类和卫星接收系统

一、数字卫星接收机的种类

我国的卫星电视全都是数字传输的。自从中星 9 号发射使用以来，国内机顶盒企业发展蒸蒸日上。数字卫星电视接收器的种类，有免费卫星电视接收器、条件卫星电视接收器、数字工程机、组合一体机，还有数字卫星接收卡（盒）等。

1. 免费卫星电视接收器

所谓"免费"和"条件"是针对它们接收的信号而言的。免费卫星电视接收器是接收免费卫视节目的，免费的信号当然就是没有密码的，可以随时接收。

2. 条件卫星电视接收器

条件卫星电视接收器比免费卫星电视接收器多了一套 CAM 系统，可以接收加密了的卫视节目。CAM 是条件接收模块。CAM 分两个部分，一部分是装在卫星电视接收器上的插卡座和驱动电路接口，还有相应的解密程序；另一部分就是接收卡。接收卡，就像过去网通的 IC 电话卡一样，也有相似的金属触点，接收卡插入卫星电视接收器的插卡座里，符合其中的解密程序，就可以收看电视节目了。

CAM 的接口也不是一样的，按照接口的类型可以分为普通机、专用机、免卡机、模块机等。

普通条件卫星电视接收器俗称卡机，它用的是普通的插卡座接口，加密系统的软件是安装在卫星电视接收器的快闪储存器里的。有的卡机可以通过RS232 串口和电脑连接，刷新安装系统的加密系统的软件；也有在快闪储存器里安装两个、三个甚至多个系统的，所以又有双系统卡机、多系统卡机等。

专用机是专门接收某一颗卫星上的加密系统节目的卫星电视接收器。它的操作性差，但音视频性能很好，很稳定。

免卡机是把 CAM 设备预先安装在卫星电视接收器里，包括软件解密系统，不用插卡也能看加密的卫视节目。免卡机里有多个加密系统的信息，还有软解码程序，而且用收视卡能收到节目的运营商地址码、运营商 ID 码、8字节密码等数据信息，也都写入卫星电视接收器里。收看加密节目的时候，卫星电视接收器只要调出相应的 Key 值解密就行了。

模块机是在卡机的基础上增加了 PCMCIA 标准电脑接口 CI（公共接口）设备，就成了 CICAM。这个 PCMCIA 是独立的板块，可以在同一个卡机上换插很多种不同解密系统的模块，相当于很多种单系统卡机，但是没有模块的卡机，只是免费卫星电视接收器。

3. 数字工程机

数字工程机是指在有线电视工程前端系统里采用数字卫星电视接收器。数字工程机的特殊功能有：图文接收功能，可以接收股票行情的图文信息；TS 流输出功能，可以在接收免费卫视节目或配合 CI 卡接收加密卫视节目的同时，输出卫视节目的传输流和音视频信号，这就是广泛用于数字有线电视台的工程卫星电视接收器；邻频调制输出功能，把卫星电视接收器和邻频调制器合二为一，可以直接用在有线电视前端。

二、卫星接收系统的组成

卫星接收的其他部分还包括馈源、高频头、卫星天线馈源又称波纹喇叭。主要功能有两个：一是将天线接收的电磁波信号收集起来，变换成信号电压，供给高频头；二是对接收的电磁波进行极化。

高频头又称低噪声降频器。其内部电路包括低噪声变频器和下变频器，完成低噪声放大及变频功能，即把馈源输出的 4GHz 信号放大，再降频为

950-2150MHz 第一中频信号。

卫星天线的种类，卫星天线通常由抛物面反射板与放置在抛物面凹面镜焦点处的馈源和高频头组成。KU 频道多采用馈源一体化高频头。按馈源及高频头与抛物面的相对位置分类，有前馈式（又称中心馈源式）、偏馈式以及后馈式。前馈、偏馈式多用于接收，后馈式应用于发射。卫星接收天线的增益是重要参数之一，且增益与天线口径有关，口径越大，增益越高。天线的波束细如线状，要求天线的精度与表面平滑光洁度越高越好。一般的天线抛物面为板状及网状，显然板状抛物面比网状抛物面增益要高，而板状整体抛物面又比分瓣拼装抛物面增益要高。

第五章　全固态调频发射机的
原理和维护

　　随着大功率场效应管开发和广泛应用，以及微带线技术制作的成熟，使全固态调频发射机成为目前广播电视发射系统的主流。全固态调频发射机以其高效、稳定、体积小、方便维护的特点取代了早期的电子管发射机。作为广播电视发射战线上的工程技术人员，掌握全固态调频发射机的相关原理和常规维护是保证今后正确使用和方便维护全固态调频发射机的关键。

第一节　调频广播的基础知识

　　由于音频信号对载波信号进行调制的方法不同，现在广播发射机的主要调制方式有两种，即调幅 AM 和调频 FM。正是由于这两种不同的对音频的调制方法，才分有调频、中波和短波广播等，即调频台、高山调频机房和中波台等。同时，不同的调制方式，广播发射机的结构和工作原理各不相同。

　　调幅和调频方式的不同点，主要是用音频信号对载波信号进行调制的方法不同。调幅方式，就是把调制信号加到载波信号的振幅上，使载波信号的振幅大小随着调制信号的大小而变化。即经调幅调制后的载波信号的幅度随调制信号大小变化而变化，并且其调制深度是可以调节的，也就是平时我们所说的调制度。调制度反映了载波振幅被调制的程度，是随音频变化的。改变调制度的大小，实际上就是通过调节音频信号幅度的大小来实现。通常调制度为 20% ~ 100%；大于 100% 就是过调幅，过调幅会使调幅波的包络与调制信号不一样而产生失真。

调频方式，就是用音频信号改变载波信号的频率（或角频率），使载波的瞬时频率随着音频调制信号的变化而变化，即总相角随音频信号变化，而载波信号的幅度保持不变的调制过程。调频指数与调制信号的振幅成正比，与调制信号的角频率成反比。

由以上分析我们可以认识到调幅和调频两种调制方式的不同点，即调幅方式是用音频调制信号去改变载波信号的幅度，而保持载波信号频率不变的调制方法；调频方式是用音频调制信号改变载波信号的频率或角频率，而保持载波信号振幅不变的调制方法。另外，在对信号处理上，调频方式的调频指数随着频率的升高而减少，因此，调制音频的高端信噪比比较差。为解决调频发射机的这一缺点，采用了预加重和去加重技术来改善高端的信噪比。

总的来说，调频广播与中波调幅广播相比，具有以下几个特点：

第一，动态范围宽。由于调制信号频率范围的不同，中波广播为了提高信号的响度，一般都采取措施提高平均调制度，因此动态范围小；而调频广播调制频率范围宽（15—50kHz），信噪比高，所以动态范围比较宽。

第二，信噪比好。由于调制方式不同，调幅信号容易受到外界寄生脉冲信号的干扰，叠加在广播信号的幅度上，难以消除；而调频信号是等幅的电波，可以采用限幅方式消除寄生信号的干扰，同时调频信号调制在超高频波段，调制度大，所以可实现高信噪比。

第三，不容易产生信号串扰现象。由于调幅电波和调频电波的传播方式不同，中波广播信号传输受到电离层、地面环境、天气变化等诸多因素的影响，信号变化较大，容易造成相近频率电台间的串扰；而调频广播采用视距传播，因此不会形成串扰。

第二节　全固态调频发射机的原理

一、全固态调频发射机的基本结构

全固态调频发射机的基本结构如图 5-1 所示：

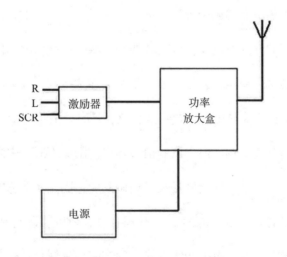

图 5-1　全固态调频发射机的结构图

从结构方框图上看，全固态调频发射机的结构比较简单，主要由激励器、功率放大盒和电源三个部分组成。

激励器是整机中最重要的组成部分，其性能好坏直接影响着整个发射机播出信号质量的好坏。激励器主要作用是对信号进行处理和放大，然后输出足够大的射频信号到发射机的高频功率放大盒，因此输出稳定的频率和稳定的功率是激励器的基本要求。

功率放大盒是全固态调频发射机的核心部位，主要由功放模块、控制单元和检测单元组成。主要作用是将激励器送来的射频信号放大到发射机的额定功率值，同时监测和控制整机的工作。监测控制电路部分各个厂家设计不同，有些是采用中央处理器进行自动监测控制，有些则采用集成逻辑控制门电路进行控制。虽然作用相同，但结构各异，各有优缺点。

电源为整机供电。目前，全固态调频发射机都基本上采用了多组开关电源供电，这使发射机的效率和功率输出的稳定性都大大提高了。只有少数早期的全固态调频发射机还采用传统的电源供电。

二、高频功率放大器

我们国内的发射机生产厂家所设计的全固态调频发射机结构各不相同，特别是在高频功率放大部分和逻辑控制电路部分。但作为高频功率放大电路的核心器件——场效应管，都是采用大功率 MOSFET 晶体管。作为压控功率放大器件的 MOSFET 晶体管，是近几年发展起来的新型半导体器件，其具有高输入阻抗，低输出阻抗，功率增益高，输出功率大，漏源工作电压高，通频带宽，高频特性好，线性好，具有负温度参数，温度稳定性好等优点而被广泛应用。同时，MOSFET 晶体管又具有对外界静电感应敏感，容易造成栅极的绝缘层被击穿而损坏的缺点。对场效应管的保存和更换必须严格按要求操作，否则容易造成管子的损坏。

（一）大功率场效应管

MOSFET 晶体管的结构和工作原理如图 5-2 所示：

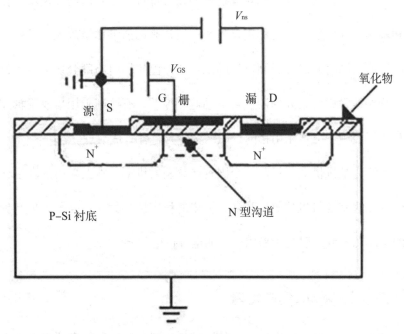

图 5-2　N 沟道增强型 MOSFET 结构图

当栅源电压 V_{GS}=0 时，两个 N 型区之间还没有形成沟道，由 P 型衬底隔开。因此，虽然漏极——源极间加有正电压，但还是无法形成电流，即 ID=0，以管子处于截止状态。当栅源电压 V_{GS}>0 时，相当于栅压加在以氧化物为介质、以栅极和 P 型衬底为两极的电容器上，在介质中产生一个由栅极指向 P型衬底的电场。该电场排斥衬底中的空穴而吸收电子，随着 V_{GS} 的增大，形成的电子数量也增加，形成了 N 型沟道，这就是漏极——源极间的导电沟道。当 V_{GS} 达到 MOSFET 晶体管的开启电压时，就会形成漏极电流 ID 且漏极电流 ID 随着栅压 V_{GS} 的增加而变大，实现了电压 V_{GS} 控制电流 ID 的过程。

（二）高频功率放大电路

纵观全固态调频发射机高频功率放大电路的结构，可以说是大同小异，特别是核心部分的功率放大电路，基本上是采用预放大电路和末级放大电路，即 30W 功率放大电路和 300W 末级功率放大电路，末级电路均采用双极型 MOSFET 对管，均工作在丙类状态，差别之处就是外围的监测保护电路。

1.30W 功率放大电路

作为整个高频功率放大器的前级推动，30W 功率放大电路主要是将激励器输出的射频信号放大到末级所需要的功率，然后再去推动末级的 $4 \times 300W$ 功率放大电路。一般 300W 末级功率放大电路需要有 2 ~ 3W 的射频功率推动。30W 功率放大电路的射频输入端串接一个 50Ω 的（R40）4dB 的衰减器，主要是防止过大激励信号的输入和防止由于阻抗失配而反射的功率串入激励器。包括自动增益控制电路、过流保护电路、载波关断电路、电流扩展电路。

2.300W 末级功率放大电路

从具体的电路原理可以看出，300W 末级功率放大电路要比 30W 功率放大电路简单得多。其主要由输入匹配电路、300W 场效应管、输出匹配电路和栅极偏置电路组成。

3. 输入、输出匹配电路

作为输入、输出的匹配网络，其主要起着滤除谐波分量和进行阻抗匹配两种作用。所以，要求匹配网络必须具备以下几个功能：所需要的信号应该无损耗地通过；对无用的杂散信号要有足够的抑制能力；在所需的整个工作频段内，保证信号源和负载相匹配。也就是说，匹配电路必须同时具备滤波即调谐电路和阻抗匹配电路两种功能。阻抗匹配电路，是指在变换负载阻抗使虚数部分与信号源阻抗的虚数部分相抵消，使电路呈现纯阻性，即按照电路要求呈实数阻值。只有信号源和负载阻抗匹配，即阻抗的实数部分相同，才能实现最大的功率传输。

4.F1A-1kW 调频广播发射机

1.2kW 功率放大器的结构和电路原理图如图 5-3：

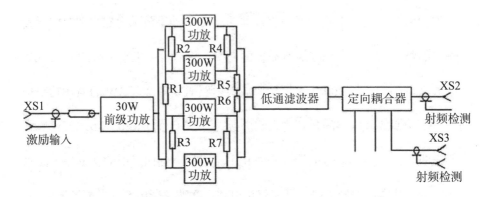

图 5-3　1.2kW 功率放大器电路原理图

激励信号输出的射频信号经一段同轴电缆送入 30W 前级功率放大电路，放大后的射频信号功率经微带线分为 4 路功率分配器，4 路幅度相同、相位相同的信号送给 4 个 300W 的末级功率放大电路。4 块 300W 的末级功率放大电路工作于宽带和丙类状态下，在 FM 频段内改变频率时不需要进行调整就能满足输出的要求，在额定输出功率不小于 1kW 时，每个末级功放模块至少输出 260W 的功率。4 路 300W 功率放大输出的 4 个幅度相等、相位相同的信号，经微带线 4 路功率合成，合成后的信号再经过一个低通滤波器和定向耦合器后输出至终端负载。定向耦合器另外输出 3 路信号，一路供射频检测，另外两路为入射、反射检测，然后送到控制单元。

5. 微带传输线

F1A-1kW 全固态调频发射机功率放大器中的功率分配和功率合成均采用微带传输线的结构来完成，微带线具有与同轴线一样的传输特性，其阻抗与频率无关，只取决于它结构中的宽高比和介质材料。

三、功率放大器的维护

（一）1.2kW 功率放大器

从结构上看，其中的分配器、合成器均由微带线来完成，这些基本上是没有什么可调整的，因此，在使用过程中基本上不需要特别的维护。1.2kW 功率放大器的重点维护是在 30W 前级功率放大器和 300W 末级功率放大模块上，而 30W 前级功率放大器和 300W 末级放大器的维护多数是采用两种方法：一是更换整块 30W 或 300W 功放电路板；二是更换功放板上的元器件，尤其以更换功放管为多见。

（二）更换功率放大管 BLF177 和 BLF278

由于功放管 BLF177 和 BLF278 容易被静电损坏，存放时应放在防静电的包装盒内或在各电极短路的情况下保存，在取用时严禁用手触摸，在更换安装时应在接地的工作面上操作。在平时维护中，要经常检查 1.2kW 功率放大器上的散热风机的运转是否正常，出现异常时要及时更换。定期清洁散热器片上的灰尘，保证良好的通风和散热，避免功率放大器过热而损坏。

第三节　全固态调频发射机常规维护办法

全固态调频发射机以其高效、稳定、体积小的显著特点代替了电子管发射机。目前，我国的中波、调频发射机已基本上完成了固态化更新和改造。面对新的设备，新的理论知识，如何更好地规范维护全固态调频发射机，使发射机正常运转，保证节目的安全播出，是设备维护者和机房管理者所需要熟悉和掌握的。现对全固态调频发射机的日常维护及管理提出以下建议：

第一，必须熟悉全固态调频发射机的原理说明书。掌握发射机的工作原理，是保证正确使用发射机的基本要求。掌握日常的开关机步骤、信号转换操作，以及发射机预放大电路、放大电路和发射机的逻辑控制电路等。使机房人员在理论上掌握全固态调频发射机的正确使用方法和电路的内部结构，熟练和掌握发射机原理在发射机日常维护和抢修过程中起着关键的指导作用。

第二，掌握发射机电路中关键点的正常电压值。在全固态调频发射机启用以来，发射机的故障多数出现在功率放大电路和逻辑控制电路中，而每次的检修都必须去测量电路中关键点电压，从而一步一步地分析和判断故障的部位。测量记录发射机三种状态（准备、开机未加激励信号、开机加激励信号）下逻辑控制电路各逻辑门输入输出电压值，并整理作为发射机的技术资料保存，作为处理故障和每个季度发射机常规检测时的参考数据。

第三，全面细致做好发射机的周检维护工作。全固态调频发射机的维护量比电子管发射机维护量要少得多，每周的常规维护必不可少。主要是全固态调频发射机电路从电源到功率放大、逻辑控制等都基本上实现了晶体化、集成化，这些元器件能够使发射机具有高效、稳定的优点，同时表现出对供电电压不稳定，对周围环境的清洁度、温度和湿度的变化反应敏感的缺点。因此，对发射机的每周常规检查重点是要做好发射机外部的清洁卫生和检查触点接点、元器件变化等，保证发射机的散热系统清洁和外围线路的正常。如检查机房内空调机和抽风机的进风口和出风口是否清洁，各接线、焊点是否接触良好，所有轴流风机运行是否正常，功放盒以外的元器件是否有异常，稳压器是否能给发射机提供稳定的工作电压等。保持全固态调频发射机运行环境清洁，机房内的温度保持在23℃左右为最佳。

第四，要备足容易损坏的元器件和备件，特别是一些专用器件，如功率放大用的场效应管、固态继电器、电源稳压器件等。备用元器件要由专人保管，特别是功放管要注意存放好，最好存放在防静电的包装盒内，或在各极短路的情况下保存。在更换功放管时，要严格按照操作规程进行操作，以防静电击穿损坏管子。保证元器件损坏时能够及时更换，避免由于元器件的缺乏造成长时间停播。

第六章　地面数字电视技术发展

第一节　地面数字电视概述

地面数字电视是数字电视技术的一种，即通过接收电视塔发出的地面数字电视信号，收看电视节目。对于电视机方面，需要具备地面数字电视信号接收能力，如果是老式模拟电视，也可以通过专用的机顶盒接收，然后转换成模拟信号连接到电视机上。

我国大部分市民是通过城市有线电视网收看数字电视，地面数字电视主要面向没有网络覆盖的城郊、乡村等地区，以及移动终端如车载数字电视和手机。2008年1月1日央视高清频道开始试播，这代表着中国无线地面数字电视信号发展的开始。

地面数字电视具有以下优点：

（1）高信息容量：为 HDTV 节目提供大于 24Mb/s 的单信道码率。

（2）高度灵活的操作模式：通过选择不同的调制方式和地址信息，系统能够支持固定、便携、步行或高速移动接收。

（3）高度灵活的频率规划和覆盖区域：使用单频网和同频道覆盖扩展

器/缝隙填充器的概念，通过选择不同保护间隔的工作模式可构建 16km 和 36km 覆盖范围的单频网。

（4）支持不同的应用：HDTV、SDTV、数据广播、互联网、消息传送等。

（5）支持多个传送/网络协议，例如 MPEG-2 和 IP 协议集。易与其他的广播和通信系统连接。

（6）在 OFDM 调制系统中实现了先进的信道编码和时域信道估计/同步方案，降低了系统 C/N 门限，以便降低发射功率，从而减少对现有模拟电视节目的干扰。

（7）支持便携终端低功耗模式。

（8）支持多种工作模式，传输速率可选 5.414-32.486Mbps，调制方式可选 QPSK，16QAM、64QAM 保护间隔可选 55.6、125ms，内码码率可选 0.4、060.8。

第二节　地面数字电视广播覆盖网发展规划

为通过推进广播电视数字化促进广播影视大发展大繁荣，我国正在全面加强广播电视公共服务能力建设，加快构建技术先进、传输快捷、覆盖广泛的广播电视传输覆盖新体系。

一、推进地面数字电视发展的重要性和必要性

地面电视是广播电视传输覆盖网的重要组成部分，是提供广播电视公共服务的主要手段，是广大人民群众获取新闻信息、享受精神文化生活的重要

渠道。经过几十年的建设和发展，我国地面电视从无到有，逐步发展壮大。地面电视广播覆盖全国城乡，其网络规模和覆盖人口位居世界前列，影响与作用日益增强。

随着科技的进步与人民生活水平的不断提高，广播电视数字化已成为发展的必然趋势，地面电视向数字化迈进已摆上重要日程。加快推进地面数字电视发展，对于巩固和拓展党的宣传文化阵地，提高广播电视公共服务的质量和水平，满足人民群众日益增长的精神文化需求，拉动相关产业发展，具有十分重要的意义。目前，我国已发布实施强制性地面数字电视国家标准，各项配套标准加快完善，数字电视产业不断壮大，全国地面数字电视覆盖网进一步拓展，大力发展地面数字电视的条件已经具备，加快推进地面数字电视发展，加紧建设各级电视节目的地面数字电视广播覆盖网络，促进广播电视大发展大繁荣已成为当前一项重要而紧迫的任务。

二、推进地面数字电视发展的规划思路

（一）指导思想

按照国家公共文化服务的要求，为全民免费提供地面广播电视服务，全面推进地面广播电视数字化，实现传播手段的创新，加快构建传输快捷、覆盖广泛、内容丰富的全国各级电视节目地面数字电视广播覆盖网。不断提高地面广播电视公共服务的能力和水平，进一步提升公共服务的节目数量和收视质量，切实维护人民群众的收视权益，推动我国地面数字电视又快又好发展，促进社会主义文化大发展大繁荣。

（二）规划思路

发展地面数字电视，要以基本公共服务为出发点，统筹城市与农村，统筹东、中、西部地区，统筹高清电视与标清电视，并且综合考虑各套节目的覆盖范围、接收终端普及程度以及覆盖网建设等相关因素，围绕总目标，按照以下思路有计划分阶段地积极推进。

第一，优先发展广播电视公共服务，兼顾移动电视。地面数字电视覆盖主要用于传输基本公共服务的电视节目，满足广大群众固定接收的要求，同时可兼顾移动电视服务。按照中央、省、市、县的顺序，首先安排纳入中央广播电视节目无线覆盖工程的中央第一套、第七套和本省第一套、本地第一套以及中央新闻频道等公共服务节目。在开展直播卫星公共服务的地区，在频率资源允许的情况下，可利用地面数字电视优先播出本地电视节目，不断丰富当地广播电视基本公共服务的形式和内容。

第二，优先开展模数同播，积极开展高清电视服务，尽快将现有地面模拟电视频道以地面数字电视方式同时播出。在技术标准上，地面数字电视节目信源编码采用国家标准。鉴于现有地面模拟电视用户均为固定接收用户，本规划主要要满足固定接收，高、标清节目同播的接收质量，采用较高码率的工作模式。同时，加快推广高效编码技术。

第三，分区域、分阶段推进规划的实施。按照大、中、小城市及农村的顺序分阶段推进规划的实施，同时鼓励在有条件的地区，先行开展地面数字电视服务。

在覆盖网建设上，首先进行与电视节目模数同播的基本覆盖再进行地面数字电视广播覆盖网络优化工作，优化完成后，保证地面数字电视的覆盖范围不低于本地现有地面模拟电视广播水平。

第四，规划实施后逐步实现地面电视数字化。在完成地面数字电视规划的基础上，综合分析地面数字电视覆盖和接收的有关情况，在确保公共服务质量和水平的前提下，分区域、分节目、分阶段逐步关闭地面模拟电视信号。

地面模拟电视向数字电视转换完成、模拟电视信号关闭后，原有模拟电视频道主要用于提供更多的高清、3D 地面数字电视公共服务，以及中央、本省、本地农业科教类电视节目和少数民族语言节目等其他更多电视节目。

第三节 1千瓦数字电视发射机原理简介

常见的 1 千瓦数字电视发射机，一般采用全固态放大方式，主要由激励器、激励放大器、功放单元、开关电源、显示单元、控制单元及输出滤波器等部分组成。

激励器一般为双激励配置，激励器含线性及非线性预校正模块，要求符合国家广电总局地面数字电视技术的相关标准。

发射机功放单元由两级放大单元组成。前级放大单元为激励放大器，将激励器的输出功率放大到 1 瓦。激励放大器采用主备工作、自动切换方式，以保证发射机工作更加可靠。激励放大器内设有环路 AGC 控制电路，可确保整机输出功率稳定。末级放大单元将 1 瓦功率放大到 1 千瓦功率。发射机采用进口大功率器件和优质的阻容元件，使整机的技术指标和可靠性有极大的提高。

发射机输出端配置带通数字滤波器，以滤除频道外的杂波分量，保证发射机发射频谱纯净。发射机具有嵌入式微机监控系统，大屏幕液晶显示及直观的数码管显示。通过 RS485 通信接口，可实现远程遥测和遥控。

发射机设计有多种保护功能，具有可靠的过流、过压、过温、驻波比过大等保护系统和防尘、避雷措施。

数字电视发射机符合国家相关行业标准的要求，完全满足移动多媒体广播系统对数字电视发射机的技术规格及参数的要求。

第四节　常见数字电视发射天线

天线与其馈电设备是收、发设备与空间无线电波连接的重要环节，是将发射机的功率变换为电磁波，向远处传播的重要装置。建立一个理想的大型电视发射台，除了具有高质量的电视差转机外，还必须有性能良好的发射与接收天线。采用高质量的天线，可以有效地利用发射机的功率并降低对接收机的要求。随着全球电视数字化和移动化步伐的不断加快，产生了许多国际标准，比如地面数字电视传输系统 DVB-T、卫星数字电视传输系统 DVB-S 等。DVB 组织还专门针对移动中接收数字电视的传输系统公布了 DVB-H 标准，该标准不仅克服了以往采用 DVB-T 标准在移动中接收地面数字电视的局限性和功耗大等缺点，而且成为专门用来向移动设备中传输视音频、多媒体内容的"点对多点"的广播系统，为移动中接收数字电视开辟了一条广阔大道，这样数字电视从根本上改变了模拟电视的传统概念，把消费电子、个人计算机、通信工具真正地融合在一起。我国近几年数字电视发展迅速，已在大多数大中城市开通了数字电视业务，相信淘汰机顶盒和连接它的电缆的时代已不遥远。

在这场广播、电视数字化和移动化的革命中，研究开发适应高性能移动数字电视的发射与接收天线是提高地面数字电视覆盖率的重要环节。

一、地面数字电视天线应用存在的问题

地面移动数字电视和模拟电视具有不同的特点和传输要求，地面移动数字电视体现了信号接收的移动性和接收位置的不确定性要求实现覆盖无盲区少弱区，超大功率的发射将减少，代之以中等功率的中继台站实现区域性覆盖和室内分布补点，完成地面数字电视移动接收的要求。目前数字电视天线设计主要存在以下问题。

（一）数、模电视天线共塔问题

我国的地面数字电视和模拟电视共塔搭载发射天线，且乡镇模拟电视差转台还较多。在同一接收点，模拟电视信号的场强高过数字电视信号几十分贝，但数字电视接收机灵敏度比电视机的高频头高得多。因此，要求接收天线对无用信号提供干扰保护。数字电视系统应采用波道型天线，它对带外信号失配和方向图畸变，使天线对带外信号没有增益或有损耗，从而提供干扰保护。特别是体积较大的偶极子天线、蝙蝠翼天线和十字天线占用了发射塔的大部分空间，使数字电视发射天线安装较为困难，要求在天线性能指标变化不大的条件下，尽可能缩小天线体积。

（二）多个发射机共用天线问题

由于地面数字电视发射功率比模拟电视低，几个发射机共用天线可降低建站成本，减小发射塔负荷。发射机共用天线受限的主要原因是天线阻抗带宽和方向图带宽难以满足宽频带要求，展宽天线的阻抗和方向图带宽是天线共用的主要途径。

（三）全向天线波束下倾及零点填充问题

当天线层数（特别是多层）选定后，天线的增益一般较高，数字电视天线必须进行波束下倾和零点填充，否则，因高增益天线主波瓣太窄且最大辐射方向沿水平方向，最大辐射方向的电波将落不了地，会造成能量浪费，且近区的零点区场强过弱，会出现"塔下黑"现象。以往模拟电视天线通过机械方式实现波束下倾，但机械下倾会使波瓣中心凹陷，产生新的覆盖零点，降低天线的覆盖效率。

（四）天线效率与增益低的问题

众所周知，天线增益系数与天线的形式、工作波长、层数、层间距等因素有关，也与系统损耗，特别是整个系统的阻抗匹配有关。所以，天线的设计不能只关心系统总驻波比，而应重视主馈线、功率分配器、分馈线、单元天线之间，特别是分馈线与单元天线之间的阻抗匹配，从功率分配器输出的功率有相当大一部分白白消耗在各分馈电缆上，使天线效率降低。翼型天线以 90° 相位差馈电，各分馈线上的反射波在功分器输出端相互抵消，以及各端口之间电抗的互补作用对系统驻波影响不大，然而不易觉察的是天线系统效率已大大降低。

（五）天线极化选择问题

我国广播电台发射电磁波采用水平极化的主要原因有几点。一是城市工业、通信干扰电磁波大多为垂直极化，发射电磁波采用水平极化有利于抗干扰。二是在山区和城市大建筑物阻挡造成信号传播的阴影区内，当接收天线离地面高度大于 1 个波长时，水平极化电磁波的绕射能力比垂直极化波略好一些。两种极化方式的测试表明：天线离地面高度大于 1 个波长在分米波段时水平极化波比垂直极化波场强高 3 ~ 4dB，小于 1 个波长则相反。三是水平极化与地面发射电波相位差角小。四是水平极化天线支持物（铁杆、塔）及垂引馈线的感应场的再辐射对天线特性影响小。五是水平极化波具有良好的远区场强分布，在同样的发射功率下可以覆盖更大的范围。但是水平极化天线的近区场强分布劣于垂直极化，特别是在潮湿、多水、多树林等环境条件下，由于水平极化天线极化偏转的原因，垂直极化天线的近地接收效果优势明显。

二、数字电视天线设计依据和方法

根据相关规定，以及地面数字电视系统建设的实际，地面数字电视天线设计应充分考虑以下几个方面。

（一）尽可能缩小天线体积，展宽天线的工作带宽

在保证天线指标的前提下，将天线辐射单元正交放置，可极大地缩小天线体积，体积缩小将方便天线的架设，节约发射塔空间，降低成本。采用宽频带技术展宽天线的工作带宽，为多发射机共用天线奠定了基础。

（二）适当选择天线增益

天线层数（增益）并不是越多越好，必须根据实际覆盖要求，合理选择天线增益，增益越高，垂直面波瓣过窄，旁瓣过多，并产生过多的零点，导致天线近场效果变差。实践表明，大功率电视发射天线一般不宜超过6—8层，小功率电视发射天线不宜超过4—6层。

（三）做好波束下倾和零点填充

采用电下倾技术或可调电下倾技术，这种方法较适用于大中功率电视发射天线。天线系统产生零点的条件是，各天线单元在某一点产生的合成场强大小相等、方向相反。当上、下层天线之间的馈电相位改变时，使合成场强为零处不再为零，从而达到零点填充的目的。有关计算最好借助于计算机来完成，使其既能满足零点填充，又能满足波束下倾的要求。一般要求第一零点填充15%，第二零点填充7%。一般大功率电视发射天线的波束倾斜控制在3以内。

（四）注重天线系统各环节匹配

分馈系统的良好匹配可提高天线的工作效率，所以提高单元天线、功率分配器与馈电电缆间的匹配，选择高质量电缆是提高天线性能的重要环节，

可防止功率在分馈系统与电缆上相互抵消而耗损。另外，接收天线良好的匹配特性有助于降低由于时延扩展带来的码间干扰而形成误码。

（五）依据天线安装地址科学选择天线的极化方式和波瓣形状

安装地址周围的地貌和环境情况是选择天线的重要依据。对于 UHF 频段内的无线传输，雨衰不是传输损耗中最重要的部分，当发射天线采用水平极化时，在春夏暴雨季节，部分离发射塔很近、平常接收效果很好的地点其接收效果显著变坏，而场强较晴天时还略有增加。经验告诉我们，结合地形地貌，设计赋形波束天线时天线的信息覆盖效果最理想。

三、天线优化效果

（一）选用宽频带单元天线做馈源

采用双层微带宽频天线或环天线做馈源，克服了传统电视发射天线通过 90° 相位差馈电使系统的相位相反，反射波互相抵消来展宽驻波带宽而造成方向图带宽不良的缺陷。

（二）精选电缆并严格测量电缆长度

发射天线尽量选择损耗、驻波小，线径大一点的电缆做分馈线，并对分馈线逐根进行测量，要求驻波比小于 1.1。为保证馈电相位，用仪器测量分馈线的电长度，确保每根分馈线电长度的精确性。

（三）仔细调整天线系统各匹配环节

天线系统装配好后，首先对每个单元天线进行匹配调试，使其达到最佳匹配。单元天线的驻波比达到1.1，发射天线系统的输出口的驻波比就小于1.1，经过这样的精心调试，发射天线系统的指标很容易达到甲级。

（四）单元天线采用正交放置或天线系统设计为正六棱柱结构

通过将单元天线正交放置可进一步缩小天线体积，方便了安装，特别适合于在中小功率的数字电视中继时使用。大功率发射天线采用正六棱柱结构，一方面是为了展宽方向图带宽，另一方面是便于波瓣赋形和波束电下倾。

（五）采用不等幅馈电或反射板折边技术

通过不等幅馈电实现波束零点填充，改善天线的远场和近场的覆盖效果。反射板折边提高定向天线的前后比，为同频传输提供理想的传输效果。

第七章　演播厅系统

随着电视设施建设的蓬勃发展以及科学技术的进步，现代新型的演播厅正异军突起。现代新型的演播厅将电视演播与传统演播厅的功能相结合，形成了一种多功能的现代化演播厅形式，其机械及灯光控制设备的配置符合当今演播厅的发展方向，设备与技术处于同行业领先水平，尽可能选用优质产品，选择具备良好服务和技术保障的专业设备供应商。

第一节　演播厅灯光系统总体概述

一、系统总体配置的原则

（一）功能设计原则

演播厅是高水准的电视节目制作场所，作为整个演播厅制作系统中重要环节之一的演播厅灯光系统必须是可靠的、优质的、先进的、灵活的、全面的，同时整体方案应充分地应用智能化的最新研究成果和理念。

（二）系统的先进性与相关经验相结合

演播厅灯光的配置要求：技术先进、系统科学、稳定可靠、功能强大、使用方便、易于维修。在充分保证技术先进性的前提下，采用的先进技术是与实际需求相吻合的，而不是华而不实。

（三）系统完整性与经济性相结合

完整性充分体现在灯光系统功能的实现、灯光设备的配置。演播厅灯光信号分配系统，包括 DMX512 信号，即考虑到目前仍在广泛使用的 DMX512 设备的兼容性。

（四）系统实用性与可扩展性相结合

演播厅需要迎接和面对伴随着电子技术、数字技术、网络技术的共同发展而不断推陈出新的灯光技术的进步，尤其是控制系统协议的适用、接口的适配，要做到既满足当前需要，系统实用可行，又预留未来扩展的空间。

（五）安全、可靠性与操作便利相结合

调光设备作为灯光系统的控制中心，本身的稳定和调光控制系统的可靠性将直接影响到整个系统的正常运行和演出效果。因此，配置稳定可靠的调光设备是必须考虑的前提。网络传输系统的稳定、可靠是灯光控制信号传输通畅、安全的必要条件。在安全、可靠的前提下，做到系统操作便利，人机接口界面简单、易懂。

（六）体现的概念

同种类型演播厅设置，演播台调光控制台通过网络系统连接使不同演播厅的控制台可以互为备份。一个演播厅对灯光设备机房的安置、灯光设备的选型、灯光设备的互用有统一考虑，使系统性和可管理性在同一演播厅得到很好的体现。

（七）设备及附材的标准性

接插件和线材的选择要求安全性、可靠性、标准性和耐用性。

二、系统架构设计概述

演播厅能够承担电视资讯、娱乐节目的直播及录播制作任务。演播厅的灯光系统包括：灯光配电系统、机械吊挂系统、调光控制系统、综合电力布线系统、灯具设备等。

（一）灯光吊挂设备

演播厅以电动水平吊杆作为主要的悬挂装置，吊杆设备可单控，也可多台集中控制运行。在多功能水平吊杆上设置有调光回路、直通回路、DMX512 信号回路。多功能水平吊杆可悬挂机械化灯具、柔光灯、天幕灯、LED 灯等设备。灯光设备采用专用扁平柔性电缆，方便升降灯杆时收置于收缆筐中或其他满足使用功能的电缆收缩装置中。

控制系统尽量采用常用的先进系统，使操作人员能及时了解系统运行状况，操作方便。控制系统配备严格的防误操作功能；应设置应急操作按钮，遇到系统失控时，能够迅速切断吊挂系统电源。

（二）低压配电设备

演播厅灯光采用两路电源供电，两路电源分别引自相应的高低压变配电室互为备份的两段母线。演播厅灯光专用低压配电盘设置于灯光设备间内，低压配电系统采用单母线分段，设置母联方式，两路进线电源同时运行互为备用，各带一部分负荷；当其中一路电源发生故障时，可以手动投入母联断路器，由另一路电源带全部演播厅灯光负荷。配电箱和插座箱预留在演播厅内墙表面，满足各种用电设备的需要。在演播厅灯栅层上，配置直通电源输出和调光电源输出，用于向吊挂设备、各种插盒提供直通电源和调光电源。

配电柜及保护方式，配电柜内部设有施耐德框架断路器（MT 系列）；面板上有分合闸指示灯、分合闸按钮、电流表、电压表；并配置有浪涌保护器（开关型 65kA），能够防止雷击产生的或其他过电压。而配电柜中装置单元回路的电气设备均安装在可抽出式功能单元中，可以灵活地根据所需的各种单元线路方案进行任意组合，一旦发生故障，可以很快将备用地换上继续使用，保证供电的连续性。相同单元具有互换性，相同参数和结构的单元也具备互换性。配电柜所有显示仪表均为智能数字型仪表，而出线单元均安装有运行指示灯及电流表。

（三）调光控制系统

网络系统控制调光是当今的国际趋势，采用国际通用 TCP/IP 协议为基础，支持 USITTDMX512/1990 协议，舞台灯光以太网络控制协议采用目前国际上通用的 Art-Net 或 ACN 协议，同时可提升至将来国际统一标准的舞台灯光以太网络控制协议的现代化高速度网络系统。

第二节　机械吊挂系统

一、演播厅机械吊挂系统的组成及技术特点

（一）提升机技术特点

提升机是一种演播厅专用的灯光设备提升装置，由电动机、减速机、防松绳式滚筒、行程保护装置、冲顶保护装置、松断绳保护、变载保护装置和电机安全保护制动电路等组成。

（二）电动水平吊杆

电动水平吊杆采用新型杆体，以三吊点（或四吊点）钢丝绳吊挂，设置螺旋调节装置调整吊杆水平位置。吊杆的工作重量极限在吊杆一端用醒目色彩和字体明示，吊杆上部设置电缆收缆筐，使电缆整齐折叠收放筐内。

二、演播厅机械系统技术规范

（一）适用范围

机械及控制工程通用技术规范与要求适用于所有演播室机械设备及其控制系统的设计、制造，以及材料、部件采购、索具、噪声控制、表面涂层和标记等工作。

（二）通用要求一般原则

用于演播厅机械工程系统的所有设备，尽量采用标准化部件及零件，采用制造厂商生产的标准产品。在标准产品的某一项技术性能不能满足单项设备技术规范与要求的情况下，则采用制造厂商改造的或同意的改造标准产品。设备所用的所有材料均是全新的，材料符合有关标准并具有出厂检验及质量合格证。保证不使用低于设计标准的材料。设备零部件的制造工艺均是高质量的，所有制造、机械加工、焊接、组装、布线、试验及其他工作，均由经过培训的、有经验的技术工人或专业人员承担完成。

机械设计时将考虑一般维修工作的简单和快捷，只需进行少量的拆卸工作即可对所有电气和机械部件进行检查和维修。减速器的注油、排油等部件易于接近，检查油位、加油或换油时不需拆卸任何部件。钢丝绳和钢带能进行全长检查，需要进行调整的部件易于接近。

（三）安全设计

人身安全，所有设备和装置均满足相应的安全标准和操作规程，符合安全卫生要求。保证用户在安全工作环境下使用和维修设备所有机械、电气控制系统均具有故障自动保护功能，以保证机械和电气控制系统对人身是安全的。所有运行设备均设置紧急停车系统。紧急停车系统能使附近操作人员在发生事故或潜在事故时，方便而迅速地停止该区域内设备的所有运动部件的运转。在操作台上适当位置设置紧急停车按钮。在每一台设备附近适当位置设置维修按钮（也用于安装调试），当维修人员使用该按钮进行设备维修工作时，该设备无法从其他操作台（盘）投入运转，以确保维修人员的安全。未经操作人员启动，任何设备均处于静止状态，只有在操作人员启动相应的开关后才能运动。所有现场操作台（盘）均清楚地标明所控制的设备名称。所有电线、电缆均为低烟无卤型，以减少事故的发生或避免发生事故时有害烟雾对人员的伤害。

（四）安全系数

通用机械零件：所有通用机械零件在粗略计算时的安全系数大于或等于6。安全系数定义为所用材料的极限应力与最大工作应力之比。最大工作应力为考虑最大负荷及动负荷（紧急制动、碰撞等）时产生的应力。

钢丝绳和钢带：用于起吊或悬挂重物的钢丝绳或钢带的安全系数等于或大于10。安全系数定义为钢丝绳或钢带的破断拉力与最大工作载荷之比。最大工作载荷包括作用于钢丝绳或钢带上的工作载荷，加减速时产生的动载荷以及因设备运转、钢丝绳或钢带转向等产生的附加载荷。

（五）安全装置与备用系统

各类机械设备，除规定的中间定位开关和行程终止限位开关外，均设置超程限位开关，以避免设备超行程运动产生碰撞，损坏机件或发生事故。所有吊杆卷扬机均设有乱绳保护、超载（过流）保护、超程保护等防止事故装置。操作台上均设置紧急停车按钮，以应付紧急状态。

控制系统的备用：操作控制系统采用穴余设计，多级在线备用，确保系统安全可靠。如果计算机发生故障，具有在操作台（盘）上进行手动操作的功能。

三、演播厅机械吊挂控制系统

(一)演播厅机械吊挂控制系统设备的配置原则

演播厅机械吊挂控制设备的配置与性能指标均满足直播的要求。控制系统采用网络智能化管理,同时也可进行人工干预,并备有完善的安全保护及应急措施,具有自动、手动和紧急控制三种控制功能。安全上充分考虑各设备之间的安全互联,各种检测设备灵敏可靠,安全防护措施齐全,确保安全使用,万无一失。控制系统依据我国相关标准并参照国际安全标准IEC61508 的多项要求进行设计,对演播厅机械的各种信号反应灵敏、准确。

(二)演播厅机械吊挂控制系统的组成、功能及工作原理

整个系统由操作终端、控制部分和执行部分组成。主要实现对系统吊挂设备的控制操作。

操作终端主要包括电脑控制台、掌上控制器、流动笔记本电脑、应急控制箱。控制部分主要包括 PLC 可编程控制器、远程 I/O 模块、变频器以及切换矩阵。主要完成对吊挂设备的控制选择、变频调速、定位控制、故障检测报警。执行部分主要包括电机、编码器及限位、冲顶安全保护装置等。主要完成对吊挂设备的拖动,对设备运行安全信号反馈,对设备运行速度、当前位置的反馈。

电脑控制台和可编程控制器之间通过 MPI 通信,可编程控制器和变频器之间通过 Profibus DP 网进行通信,掌上控制器、流动笔记本电脑通过无线方式与可编程控制器进行通信。

第三节　灯光网络系统

一、灯光网络系统的概述

演播厅灯光网络系统是新一代高速网络与智能数字控制设备的集成，采用以太网和 DMX512 信号并存设计，既满足当前的使用要求，又能为将来的系统升级、扩展留有充分的余地。

二、灯光网络传输设计

（一）灯光网络的现状

灯光网络系统也经历了从模拟控制信号、DMX512 数字控制信号、DMX512-A 数字控制信号发展到以太网络控制信号的年代，但是舞台灯光行业中目前存在着网络信号传输协议标准争议的问题。现阶段 DMX512 设备大量存在，以太网络和 DMX512 两套系统并存，以太网络通过交换机分配到舞台的任何一个接点，DMX512 也通过 DMX512 分配器分配到舞台的任何一个接点，两套不同的控制方式两条不同线路并存于一个舞台控制系统中，既可以以太网直接控制，又解决了 DMX512 控制的问题。随着以后的发展，还可以使整个系统不断升级。这种设计方式不仅符合当前潮流，还能够使今后的系统升级和更换比较方便。

（二）灯光网络系统的布线方式

根据建筑的整体结构，分布灯光系统控制所需的信号线。一是以太网布线。根据网络结构、传输距离和所选择的网络交换设备，合理选择传输介质（光纤、超六类线），将信号布置到每个信息点，并组成一个便于管理的整体网络系统。二是DMX布线。采用一定的方式将DMX信号分布于每个信息点。

第四节　配电及配电柜

一、使用方式及环境

（1）设备运行条件：户内；

（2）环境温度：不高于+40℃，不低于−5℃，24h内平均温度不得高于+35℃；

（3）相对湿度：在最高温度时不超过50%，在较低温度时允许有较大的相对湿度（≤93%），（40±2）℃时无凝露；

（4）海拔高度：不大于2000m；

（5）抗震烈度：七度；

（6）设备安装时与垂直面的倾斜度不大于5%。

二、开关柜的配置

进线柜内部装设有施耐德框架断路器（MT系列），面板上有分合闸指示灯、分合闸按钮、电流表、电压表，并配置有浪涌保护器（开关型 65kA），能够防止雷击产生的或其他过电压。所有设备均配置有设备铭牌，其上内容包括型号、容量、特性、额定电压、额定电流、配电柜编号、出厂编号等。设备具有完善的防止意外和损坏的措施。基本构架为组合拼装形式。主构架用冷弯型钢，柜内零部件尺寸、隔室尺寸、安装部件等均实行模数化装配。

开关柜进出线方式为：照明电源、动力电源及油机电源进线均采用电缆下进线，馈电柜采用电缆下出线。装置的门和抽屉之间具有机械连锁装置，在通电时门不能打开，抽屉不能抽出，确保供电的安全性。所装配的抽屉单元在抽拉时均能做到灵活、轻便、无卡阻碰撞现象。机构的动、静触头的中心线均保持一致，触头接触紧密主、辅触头通断可靠、准确，插入深度符合规定要求。机械与电气联锁动作准确，闭锁或解除可靠。

第五节 调光控制系统

一、调光控制台

演播厅设置主备调光控制台，主备台型号规格配置可完全相同，控制台具有 DMX512 接口、以太网接口，支持 ART-NET 或 ACN 灯光网络控制协议（或可以方便升级到未来统一的灯光网络协议），同时具备可扩展控制更多通道的能力。

二、直通立柜及专用配电箱

由于演播厅灯具配置采用以 LED 灯具为主，要求演播厅不再配置传统的调光立柜，而以智能配电分配柜来代替。演播厅配置可信号控制的直通回路 192 路。具体体现在以下几个方面。

（1）智能配电分配柜应具备智能网络化，具有高可靠性。控制模块运行可本地化操纵，数字化解码控制器。

（2）控制系统状态全面监测功能。

（3）每个控制模块使用高性能电磁空气开关作为控制模块输出短路或过载保护，必须保护控制模块完好。要求电磁空气开关的电气参数一致性强。

（4）单个柜体可显示文本信息监视每个控制器的各种状态

（5）工作温度：5℃～40℃。相对湿度：20%～90%。

（6）智能配电分配柜适用于三相五线的供电，使用相电压为 200～240VAC（±10%）的电源供电，电源频率 50Hz。柜内设置有 A 相、B 相、C 相、N、PE 大容量的接线端口。

（7）具有 DMX512 输入接口，具有网络控制信号接口。

（8）立柜为下进线、下出线。

三、网络设备

通过网络设备使主备控制台连接，使主备控制台做到完全跟踪和热备份，并通过网络使同一群内演播厅控制台相连接。同时，还需考虑以下几方面因

素：网络设备有富余，网线采用 6 类线、带屏蔽功能，信号传输可靠、无串

扰现象，系统应具有较强的电磁兼容和抗干扰能力。

第八章　新媒体技术影响下广播电视艺术的创新发展

第一节　新媒体的优势及其对广播电视行业的影响

一、新媒体的优势

与传统媒体相比较，以网络与手机为代表的新媒体自诞生之日起，其独特的优势就表现得非常突出与强劲。

（一）技术的数字化

在主要的传统大众媒体当中，要么以纸张为介质，要么以磁带和胶片为介质，虽然也能保存相当长的时间，但是往往有失真的现象，尤其是对于传统电子媒体来说，不仅在长时间的保存当中会失真，而且在信号传播过程中，其模拟信号也容易失真。相反，新媒体是以数字化技术为基础的大众传播媒介，以体积小、容量大的光盘、硬盘、云盘等为介质，以字节比特为信息的最小单位，不仅信息的存储数字化，而且信息的传送与接收也数字化，所以，这从根本上保证了新媒体信息本身的稳定性、高保真与高清晰。同时，数字化技术也是新媒体其他特征与优势的前提与保证。

（二）信息的海量化与共享性

由于传统媒体存储介质容量有限，如平面媒体受版面的限制、电子媒体受时间的限制，所以广大受众通过这些媒体所能获得的信息也是有限的。而以数字化信息存储与传播的新媒体，却能在微小的存储介质（如光盘、硬盘、云盘等）里长时间保存海量的数字化信息，尤其在通过网线把世界各地单个计算机连接起来以后，所形成的国际互联网上，所有连线和在线的计算机所存储的信息就变成了一个浩瀚无边的信息海洋，所有在线网民都可以在这个信息的海洋里冲浪。

从宏观上说，即使在传统媒介社会里，信息也是庞杂和海量的，但是从单个的媒体信息容量来看，却是极其有限的，同时受众所能够获得的信息也是极为有限的。可是在新媒体社会里，不仅单个媒体自身存储的信息近乎海量，而且各个单个的媒体连接起来的网络里所拥有的信息更像一个汪洋大海。更为重要的是，每个受众只要在线联机就可以在跨国界、跨区域的有线或无线网络里分享彼此所拥有的信息，从而实现全球海量信息的共享。并且这种全球性新闻信息的共享是不受时间与空间限制的。尤其在P2P技术的支持下，出现了一大批的共享软件，使得新媒体的高度共享得以全面实现与普及。

（三）形式的多媒体化和超文本化

传统媒体的信息往往以较为单一的符号作为表现形式，比如纸质媒体是利用文字和图片传递信息，广播是以声音发送信息，而电视则借助于声音、图像和字幕传播信号。但是以网络与手机为代表的新媒体信息的保存、表达与传播，则兼容了文字、图片（表）、声音、动画、影像等多种传播符号。由于运用了综合处理文字、图形、声音和图像的多媒体技术，新媒体达到了将传统媒体的优势集于一身，而且最大限度地实现了各种传播形式的"兼容并包"。这不仅使新媒体丰富了信息传播的手段，而且也使受众的各种感官得以充分调动。

由于信息的数字化处理，新媒体不再像传统媒体一样以文本形式呈现和以线性形式组织，而是以多媒体形式展示，以节点为单位的超文本呈现，以超链接组织。每一个节点内的信息可以是文本、图像、图形、动画、声音或它们的组合，节点之间则通过关系加以连接，组织上呈网状结构。这一方面既便于新媒体海量信息的存储，又便于受众对信息的浏览与检索。

（四）使用的个性化和交互性

与传统媒体以同一信息同时向社会公众传播的大众传播相比，新媒体则往往是个性化的小众传播。在以网络与手机为代表的新媒体传播中，受众可以根据自己的需要通过搜索和检索工具来选择信息，还可以自由地选择信息接收的时间、地点以及信息的表现形式，甚至信息的生产与传播者还可以利用"信息推送技术"，根据用户的特殊需求提供订单式服务。

同时，新媒体也不再像传统媒体一样持有"你说我听"的单向传播模式，而是交互式传播。传统媒体按线性输出信息，让受众被动地接收以统一标准生产的信息产品，即使也通过热线电话、来信、来访等方式展开与受众的互动，但互动的频率一般比较低且成本较高。而新媒体的互动则非常便捷且成本低廉。新媒体不仅可以通过点击量来体现互动，而且可以通过留言和评论等方式来直接互动，甚至还可以通过在线提问和交流来实现互动。除此之外，新媒体的交互性还体现在让受众直接参与信息的生产。信息生产的直接参与主要体现在发帖或上传自己所采集的信息，这不仅可以为媒体信息生产与传播者提供信息来源，而且还常常率先发布一些消息，尤其是突发性消息或传统媒体难以采集或者不发布的消息往往会由网络和手机等新媒体率先报道。

二、新媒体对广播电视行业的影响

进入信息化时代，以网络为代表的新兴媒体快速发展对传统媒体形成了很大冲击，效果明显，影响深远。无论是国外还是国内，新媒体对传统的广播电视传媒业都产生着重大的影响。

第一，广告受到影响。新媒体广告发布的多样化和覆盖率，使传统媒体的生存基础——广告市场遭受不断侵蚀。新媒体的产生和发展不仅改变着人类生活形态与行为方式，更孕育着巨大的投资价值，成为全球资本新的投资热点。在新媒体广告迅猛的发展形势下，传统媒体的广告总体上呈逐年萎缩和下降的态势。

第二，地位受到影响。在新媒体出现之前的很长一段历史时期内，广播、电视、报纸在传媒界或是新闻界一直保持着"三足鼎立"的状态，也长期拥有着主流媒体的地位和声誉。但在今天，作为传统媒体的广播电视正在经历深刻的媒体变局，遇到了新媒体的空前挑战。主流媒体是指依靠主流资本，面对主流受众，运用主流的表现方式体现主流观念和主流生活方式。其中三个关键词是主流资本、主流受众、主流的表现方式。然而上述三个关键词，当前已经越来越被新媒体占据，甚至部分传统媒体已经在从上述关键词中退出。这意味着，广播电视传统媒体的主流地位也在开始动摇。

第三，潜在受众受到影响。新媒体不仅使传媒业拥有了全新的传播工具，其革命性的意义更在于：载体的公用性和互动性使受众具有了多重角色，他们是信息的接收者、信息的互动者，也是信息的生产者，甚至也可以说是舆论的引导者。新媒体的崛起使受众角色发生裂变，并引爆了受众强烈的表达意愿。当前，年轻的媒体受众，更多地选择将网络作为主流媒体进行使用，而广播等传统媒体的潜在受众经过新媒体的大量分流，正面临着前所未有的未来受众危机。

第四，传播方式受到影响。层出不穷的新兴媒体，以不断创新的传播方式，一次次触痛着传统媒体的传播弊端。以手机为例，手机已然从单纯的通信工具一跃成为"第五媒体"，正在以五倍于当年互联网的速度飞速发展，被称为"放进口袋里的互联网"。手机及网络集合了纸质媒体、电视媒体、网络媒体的大部分功能，广播功能更是不在话下。它们可以不受时空限制，随时随地有效传递信息，并且以无孔不入的姿态渗透进人们的信息生活。相比之下，广播媒体的表现形式便显得单调、呆板而乏味。

第二节 新媒体技术影响下电视行业的发展对策

一、电视行业未来发展趋势的判断

（一）未来电视行业重点发展的技术平台

新媒体的出现和发展是典型的技术驱动型发展，新的技术引进和应用会形成新的技术结构，进而催生新的产业结构，推动产业运营管理体制的变化。在可预见的时期内，未来媒体产业重点发展的技术平台中与电视产业有关的包括：

1.协同无缝覆盖技术，包括卫星传输、地面数字无线广播传输、有线数字传输、互联网广播传输等宽带双向非对称广播影视传输，实现网络协同覆盖。这样一个无缝立体覆盖网络可以为固定用户、移动用户、边远城镇和乡村用户提供任何时间、任何地点的专业化个性化端对端电视服务。

2.服务支撑体系，包括业务运营、业务质量、网络管理、信息安全、网络监控、用户管理、用户服务、业务规范和业务标准等，在网络和用户之间构成完整的服务支撑系统。

3.媒介资本管理系统，包括电视节目开放性资源描述框架与索引体制、节目数字版权保护、节目信息的多媒体数据库、数据分布式存储、音视频高质量压缩传输、基于内容的检索和查询、节目信息的识别和特征提取、媒体信息预处理和后处理等。媒体资本管理系统是实现电视节目采集、编辑、制作、存储、检索和管理数字化、网络化的核心。

4. 数字广播电视智能终端，包括家庭多媒体网络终端、适用于数字电视的嵌入式系统终端、中间件、视频信号智能接收与回传系统、人机界面和接口、视频信号解码计算芯片和程序、满足移动终端需要的电源支持系统等。

5. 电视安全播出与监管系统，包括有线、无线、卫星等数字广播电视节目监测、监管和安全播放保障体系，数字广播电视的反攻击系统、数据备份恢复系统、应急处理系统等。在数字化、网络化的开放环境下，构建广播电视安全播出与监管系统，防范网络攻击和非法侵入、非法复制拷贝是确保电视产业安全性的必要手段。

（二）核心产业与重点产业在新格局下的变化

技术的推动会促使电视产业形成一个更为复杂的运营体系，传统电视产业体系中的核心产业和重点产业将在新的格局下发生重大变化。

1. 内容产业成为电视行业的主导

电视内容产业不仅指的是节目的研发生产，而且包括依托内容产品开发数据库，利用各种数字化软件和硬件，利用数字化多媒体终端，向消费者提供多种层次和类型的视频内容产品。正是这种价值链的升级和延展，加上传播成本的大幅降低，使得内容生产地位凸显，成为整个电视产业链的上游，也成为电视产业中的核心价值创造者。

2. 内容集成平台成为电视行业的核心

新媒体带来传播渠道的增多和内容存储的海量化，面对无法计量的播放渠道和节目内容，受众无法或者不愿意花费很大的时间精力进行节目的细分筛选。节目集成平台作为区域性的或全国性的宽带数字化节目交换及信息发布平台，构成了电视产业的核心数据库，支持各种视频内容的存储、查询、检索，而统一的数字模式可以让数字内容集成平台演化为跨媒体的信息处理平台，一方面接受新的视频数据，另一方面为内容生产商提供多样化的视频素材。节目集成平台根据节目包装、集成、影响的需要，对市场进行进一步的细分和定位，通过模块化组合形成丰富的服务功能，勾连起观众个性化需求和丰富的内容数据库。

3. 电视网络向数字综合信息网络的方向发展

我国原有电视传输网络的任务较为单一，就是保障电视节目的安全传输。然而，现在物理意义上的传输网络功能已经趋同，网络运营商的竞争力更加体现在功能开发和服务上。网络运营商不能只把自己当作高速公路的收费站，而应该从高速公路带来的商机中分到更大的一杯羹。三网融合之后，广电系统可以更多借鉴电信模式的高收费思路，将网络看成内容应用的平台，让更多的参与者加入平台上，与参与者分账获得更大的利益，同时通过提供大规模服务，完成沉淀成本的分摊，通过收取传输信息的传输费，获取产业回报。此外，在网络双向改造的基础上还可以利用数字宽带资源，开展多媒体数字广播、高速互联网接入、单位专网、视频会议、远程教育等多种业务。在保证安全传送公共电视节目的情况下，电视网络在商业模式上可以进一步开发视频点播、数据广播、电子商务以及其他网络服务，实现电视与互联网的深度融合。

未来电视产业的走向必然是泛媒体化，是一个媒介融合和产业融合的过程。电视业内人士和主管部门一定要摆脱传统模式的束缚，从整体上把握电视产业的战略规划和现实路径。历史地看，数字电视产业必将成为新媒体的一部分，而不会独立于新媒体单个存在。但无论如何，这个产业都必须保持它在内容生产和传输技术上的领先优势，否则传输渠道就有可能被其他的方式取代。

二、新媒体时代电视行业的发展对策

技术进步会带动社会经济出现一系列特征，带来新的经营方式，出现新的产品结构，产业经济需要新的关键要素，企业需要新的技能，催生新的投融资模式和新的资本市场，整合调整诞生新的经济部门，关键要素密集的新部门会重构新的产业链，消费市场会形成新的赢利模式等。

如果按照这一技术经济模型，电视产业在逐步向新媒体融合过渡的过程中，必然会产生全新的产业结构和产业链条，带来全新的经营理念和商业模式，需要开发新型的内容产品和信息服务以适应受众消费行为和消费理念的变化。这个渐进的过程充满了巨大的风险，其间必然会出现一次次试错和淘汰，出现政策的大幅波动和竞争对手的强烈挑战。

以目前国内电视产业的现状来看，没有哪个电视机构能独力承受这次剧烈的产业变革，这种全系统、大规模、长时间的整合与调整。从发展战略上讲，电视产业主管部门应当担当起引领产业走向的历史性责任，在宏观层面制定科学稳妥的战略规划和产业整体发展框架，在中观层面制定行业管理制度，加紧完善市场体系和培育市场主体，在微观层面调整业务指导方向和基础设施建设计划，尽快建立产业链上还显得比较薄弱的资本市场和投融资渠道，强化产业创新和业务创新功能。

（一）行业监管与规划

电视产业的未来发展对政府监管提出了新的要求，四级办电视、管办合一、政事企不分的传统管理弊端已经对产业融合和升级造成了现实障碍。如何调整现有体制，建立公共服务与市场运营明晰的政府监管体系、如何实现政企分离、管办分开，改变既是裁判员又是运动员的格局已经成为当前电视产业发展过程中急需解决的问题。政府主管部门根据产业发展规律，在产业宏观调控和监管上明确扶持对象、推动目标、限制领域，减少对产业领域的直接行政干预，增强市场机制自发的调节作用，通过高效、完善、规范的管理办法，把握既定的产业发展方向，达到产业发展目的。而不是拘泥于传统管理观念，对电视产业设置高门槛，保护地方性、行政性垄断，阻碍经济要素的合理流动和配置。改革开放多年的实践证明，与其限制和抵御外来竞争，不如充分调动经济因素，汇聚社会力量，让电视产业步入新的繁荣周期。对电视产业现在存在的不对称竞争和过度竞争现象，主管部门应当着眼于在打破垄断的基础上规范行为，避免不正当竞争和恶性竞争对产业环境的干扰。

电视产业向新媒体的演变过程也是一个部门、地方和企业利益不断调整、分解和重构的过程，这期间必然会存在巨大的利益冲突和阵痛。行业主管部门在推进体制机制改革时，必须兼顾产业链上下游环节、内容生产商和节目播出机构、体制内主体和体制外主体、公共服务部门和产业经营部门、广电系统机构和电信等其他部门的利益，建立公平公正合理的利益分配机制，打破"条块分割、区域分割"的现有分配格局，使得整个产业朝着有利于培养核心竞争力，有利于促进产业转型升级，有利于技术进步和满足市场需求的方向发展。

电视产业有特殊的产业性质，电视产业的发展与变革的前提是要确保舆论引导能力，不断增强电视媒体的政策宣传能力。电视媒体在迎接产业变革的过程中，要不断适应信息社会受众心理的变化，适应媒体市场的客观环境变化，通过宣传理念的创新、宣传体系的创新和宣传手段的创新，提高新闻传播力，尤其在网络媒体异军突起的今天，电视媒体必须充分尊重宣传规律，实现社会效益和经济效益双赢，实现产业竞争力与宣传能力的同步提升。

产业化对电视产业的挑战不仅体现在业务拓展和体系建设上，也体现在战略目标定位上。面向未来，电视产业要构建起电视产业的综合价值目标体系，从单一经济目标向全面发展转变，从重点突破向均衡发展转变，要处理好电视产业经济价值与产业价值目标的关系，构筑起电视产业的长效驱动机制，从而使电视产业成为文化产业的核心组成部分，打造新的经济增长点，并成为社会进步、政治文明的精神引导和智力支撑体系的一部分。

（二）内容创新与产业融合

"内容为王"，这是传媒业的一条"定律"。当前，随着新技术的发展和媒体竞争的加剧，高质量的内容更将成为传媒的竞争焦点。对于传统电视媒体来说，在新的传播格局下，如何对内容资源进行全方位、深层次的开发利用，实现内容的不断创新，尤其意义重大。

模拟传输时代，有线电视网络最多只能容纳几十套电视节目，而数字有线电视网可以传输上百套电视节目，对电视内容的需求呈倍数增长，而网络视频更可以储存和播放海量的节目内容，传播渠道不再对电视节目的播放构成物理限制。反过来，这也就意味着渠道的多样化也只有在内容的支撑下，才有存在的意义。在这样的双重背景下，我国电视内容产业发展的问题被前所未有地凸显出来。

电视内容产业可以分为广义和狭义两种。广义的电视内容产业还包括了所有涉及节目内容研发、生产、交换、销售、传播、节目衍生品开发和相关的服务，可以分为节目研发方、内容制作方、内容集成方、内容运营商和衍生品开发商。狭义的电视内容产业是指以电视受众为服务对象，依据数字技术和网络技术，生产、加工、制作电视内容产品或服务的机构和市场体系。

在传统电视生产中，电视内容生产被置于封闭的系统结构中，只具有单一的生产能力。这种环境中强调内容生产，也只是加强对内部资源的整合，向内容生产环节多倾斜一些人财物，并没有充分重视内容生产对产业链的整体价值。而面对新媒体的融合前景，将内容生产放到产业链上考虑，就应该更强调按照专业化分工的原理，对电视内容生产进行横向和纵向的资源整合，优化配置系统内外的各项必要资源。以优势互补、强强联合、共享稀缺资源为原则展开横向整合，以战略联盟、空间扩展为目的实施纵向整合。通过整合，提升内容生产能力，并从内容流通、版权交易、销售渠道等环节形成有力的支撑体系，把内容生产从个体行为、部门行为提升到系统行为。

在媒体产业的下一轮竞争中，技术上的差异越来越小。在这种技术同质化背景下，不同应用和用户体验的决定因素，还是创意水平和内容生产能力。面对前所未有的战略布局调整，电视业界有人发出了"创意能力能压倒一切"的呼声。但还需要重视的是，现代文化产业的创意并不是闭门造车，也不是孤芳自赏，创意也源自对资源的掌握和对产业发展规律的深刻理解。因此只有实现了跨媒体经营，推动不同媒体、不同产业之间横向、纵向的融合，才能最大限度地获取资源优化配置产生的协同效应，充分利用各个资源平台的长项和优势，提升创意和内容生产的水平，提高资源利用效率。

广电系统要充分发挥自身的技术优势和内容优势，加快推进三网融合，按照国家部署自觉走上信息化发展道路。对电视传媒来说，应该充分认识到，传播技术的进步使得传播渠道不再成为稀缺资源，现代传媒业早已突破了传统的传播平台局限，只有大力发展新媒体内容业务和各种增值服务业务，才能在未来的竞争中赢得主动。

在这场产业变革中，电视产业作为一种创意产业的本质特征将进一步凸显和强化。电视媒体必须主动打破传统产业的界限，积极寻求内容产品与新媒体经营的契合点，大力推进与其他相关产业跨领域合作、融合，实现跨媒体发展。电视媒体不能固守传统手工作坊式的生产方式，要结合产业链布局对自身做出重新定位，把自己的内容产品向尽量广泛的领域推销，利用各个新媒体平台尽量摊薄成本，提高收益。

（三）拓展市场范围与领域

电视产业无论向哪个方向发展，归根结底都是文化产业的一个有机组成部分。当今世界任何产业，包括文化产业都已经融入全球化的浪潮中，作为文化产业的电视媒体也同样无法回避这一过程。

电视产业的核心是创意，而高级人力资本、知识产权资本、技术资本和文化资本等软性资本才是创意产业的核心驱动要素。因此，要积极学习和利用先进文化机构和媒体集团的管理经验、创作手法、传播观念和发展模式，积极吸引高端人才和先进技术，打造创意产业的支撑体系，进而推动电视产业在全球文化市场分工中占据有利地位。

（四）把握多元化的经营模式

赢利模式单一一直困扰电视产业发展，突破单纯依靠广告经营，分散系统风险，创新赢利模式，电视产业必须走多元化经营的道路。虽然，为了转移经营战略，延伸价值链条，拓展市场空间，壮大产业实力，不少电视媒体已经尝试发展多元化经营，但许多宝贵的资金投向了与电视产业和新媒体产业无关或关联度不高的领域。如最近几年有些电视台就开发了商业房地产业、大型会展业、旅游娱乐业等。这种盲目投入、无序多元化带来的结果是分散了电视媒体的经营管理资源，尽管短期内可能获得一定经济效益，但长期看由于距离主业太远，反而会加大经营风险。尤其当电视媒体自身的人财物实力尚不足以支撑向新媒体转型的时候，过度多元化会造成经营目标分散，资源虚耗，不能形成规模经济和产业集群，并引发内部经营管理的冲突。合理的多元化创新应当回归电视媒体与新媒体的本质，尽量选择与技术融合、产业融合相关的环节切入，形成产业集群效应，发挥规模经济优势，按照传媒经济的发展规律，整合相关资源，构筑完整的产业链条。特别是各种新媒体业务纷纷出现，市场风险与诱惑并存的时候，多元化经营更应当牢牢把握媒体经济主线，围绕产业链的核心价值点，去开发创新业务和衍生业务，形成单一媒体主线与多元化经营支线的有机结合，打造以核心资源为中心，以产业链为主轴，以系列产品和服务为触角，以多品牌战略为外延的良好的多元化经营格局。

相信随着社会进步和经济发展，随着电视产业与新媒体的深度融合，以及电视产业主管机构体制改革力度的加大，电视媒体自身经营管理能力会不断提升，创新能力不断增强，电视产业核心竞争力不断提高，电视多元化经营将会实现快速健康发展，为文化产业繁荣注入强大活力。

（五）产业链建设和服务链发展

尽管各类新媒体业务的产业链不尽相同，但内容生产与集成，都在它们的产业链中居于核心地位。应该看到，新媒体迅速崛起的另一面是很多新媒体运营商在内容生产上能力不足，资源匮乏，在内容集成上实力不够，缺乏经验，而这些恰恰是传统电视产业的长项。因此，电视产业可以大胆介入新媒体的产业链建设中，充分利用产业融合的机会，结合自身发展目标，将新媒体的相关技术与业务吸收融入，为我所用，获取优质资源，赢得战略优势。

新媒体带来的变化已经深刻影响了媒体发展的轨迹，无论什么样的媒体，在未来发展中一定会面对一个细分化、小众化、专业化的受众群体。电视媒体在构筑产业链条时，构成比例、一定要充分重视对受众群体的调研，分析他们的行为方式、消费模式、思想观念、兴趣偏好。在收集大量相关数据的基础上，分析受众层级，寻找目标群体，并加快技术创新和应用创新，利用市场营销手段以多样化的内容和人性化的服务满足受众差异化、个性化需求，提高和改善用户体验，培育和提升客户忠诚度，树立产品和服务品牌，形成强大的市场影响力。

（六）培育电视产业的可持续发展

近年来，人们对个性化、时尚化的文化消费需求出现快速上升势头，渴望高质量的文化产品，享受高品质的精神生活。显然，我国正迎来一轮文化消费的高潮。在这一过程中，人们也会对电视媒体提出更高的要求，需要从电视中获取更多的新闻资讯，需要从电视中分享优秀的精神食粮，需要通过电视了解科技进步，需要从电视中获得积极向上的动能，需要通过电视完成很多生活琐事。这些多元化、高端化的需求都为电视产业的发展创造了历史性机遇，也给电视产业带来了发展的动力。

分析和掌握了这些时代背景，电视产业更应当坚定可持续发展的信心，勇于面对新媒体的浪潮，在纷繁复杂的行业环境中，追求自身发展的下一个高峰。

参考文献

[1] 艾红红，庞亮. 广播电视学学科建设 历史、现状与未来 [M]. 中国广播影视出版社，2018.

[2] 陈京生. 华语广播电视媒体语言研究 [M]. 北京：中国传媒大学出版社，2009.

[3] 陈林，蔡顶，李克仔. 新媒体技术与广播电视发展研究 [M]. 天津：天津科学技术出版社，2018.

[4] 党晓红，向东. 新媒体时代传统广播电视和新媒体之间的融合发展 [M]. 石家庄：河北科学技术出版社，2019.

[5] 宫承波. 广播电视概论 [M]. 中国广播影视出版社，2018.

[6] 关亚林；丁汶平主审. 广播电视监测技术 [M]. 北京：中国传媒大学出版社，2015.

[7] 哈艳秋. 当代中国广播电视史 [M]. 北京：中国国际广播出版社，2018.

[8] 侯智烨，李小刚. 数字卫星广播电视接收技术 [M]. 成都：电子科技大学出版社，2016.

[9] 黄凤鸣. 2021 广播电视加快全媒体转型的研究 [M]. 长春：吉林人民出版社，2021.

[10] 金立标，帅千钧，苗方 . 广播电视网络规划与设计 [M]. 北京：中国传媒大学出版社，2016.

[11] 金玉 . 广播电视监测监管技术 [M]. 昆明：云南科技出版社，2020.

[12] 梁骞 . 广播电视数字新媒体技术 [M]. 赤峰：内蒙古科学技术出版社，2015.

[13] 林林 . 广播电视新闻实务教程 [M]. 重庆：重庆大学出版社，2016.

[14] 凌红江，周远 . 广播电视公共服务法律制度研究 [M]. 长沙：湖南文艺出版社，2012.

[15] 柳邦坤 . 广播电视编导概论 [M]. 武汉：武汉大学出版社，2019.

[16] 鲁佑文 . 广播电视节目营销 [M]. 长沙：湖南大学出版社，2006.

[17] 孟建，黄灿 . 当代广播电视概论 [M]. 北京：中国传媒大学出版社，2016.

[18] 涂昌波 . 广播电视法律制度概论（第 3 版）[M]. 北京：中国传媒大学出版社，2018.

[19] 王蓓 . 广播电视基础知识 [M]. 北京：中国国际广播出版社，2007.

[20] 王正明，陈洪友，余庆华 . 城市广播电视全媒体规程 [M]. 成都：西南交通大学出版社，2017.

[21] 吴玉玲 . 广播电视概论 [M]. 北京：中国传媒大学出版社，2007.

[22] 吴郁 . 当代广播电视播音主持 [M]. 上海：复旦大学出版社，2005.

[23] 谢鼎新 . 中国广播电视研究的演变 [M]. 合肥：合肥工业大学出版社，2014.

[24]徐先贵,刘彤.广播电视一体化教程[M].北京:中国传媒大学出版社,
2011.

[25] 徐征.广播电视新闻话语流变[M].沈阳:沈阳出版社,2020.

[26] 张凤铸,施旭升.广播电视艺术学通论[M].北京:中国传媒大学出
版社,2011.

[27] 张洪冰.数字媒体时代的广播电视技术发展与应用[M].长春:吉林
科学技术出版社,2019.

[28] 张凌彦,高歌.广播电视艺术与新媒体技术发展研究[M].世界图书
出版西安有限公司,2018.

[29] 张瑞.融媒体环境下广播电视语言艺术研究[M].西安:西北工业大
学出版社,2019.

[30] 赵彦华.中国广播电视管理实务[M].北京:中国国际广播出版社,
2018.

[31] 朱羽君,高传智.瞭望之路:中国广播电视新闻改革研究课题报告
[M].北京:中国传媒大学出版社,2008.

[32] 朱月昌.广播电视广告学[M].厦门:厦门大学出版社,2000.